本书在第十四届上海市决策咨询研究成果一等奖获奖文稿
《上海探索"一网智治"深化数字政府建设研究》基础上修改完善而成

如何建设数字政府

"一网通办""一网统管"的上海实践

赵勇　马佳铮　桂林　著

中共中央党校出版社

图书在版编目（CIP）数据

如何建设数字政府："一网通办""一网统管"的上海实践 / 赵勇，马佳铮，桂林著 . -- 北京：中共中央党校出版社，2024.5

ISBN 978-7-5035-7588-4

Ⅰ . ①如… Ⅱ . ①赵… ②马… ③桂… Ⅲ . ①电子政务—建设—研究—上海 Ⅳ . ① D625.51-39

中国国家版本馆 CIP 数据核字（2023）第 126503 号

如何建设数字政府——"一网通办""一网统管"的上海实践

策划统筹	刘　君
责任编辑	卢馨尧
装帧设计	一亩动漫
责任印制	陈梦楠
责任校对	王明明
出版发行	中共中央党校出版社
地　　址	北京市海淀区长春桥路 6 号
电　　话	（010）68922815（总编室）　（010）68922233（发行部）
传　　真	（010）68922814
经　　销	全国新华书店
印　　刷	中煤（北京）印务有限公司
开　　本	710 毫米 ×1000 毫米　1/16
字　　数	152 千字
印　　张	11.25
版　　次	2024 年 5 月第 1 版　2024 年 5 月第 1 次印刷
定　　价	48.00 元
微 信 ID	中共中央党校出版社　　　邮　箱：zydxcbs2018@163.com

版权所有·侵权必究

如有印装质量问题，请与本社发行部联系调换

要抓一些"牛鼻子"工作，抓好"政务服务一网通办"、"城市运行一网统管"，坚持从群众需求和城市治理突出问题出发，把分散式信息系统整合起来，做到实战中管用、基层干部爱用、群众感到受用。[①]

——习近平

[①] 《深入学习贯彻党的十九届四中全会精神　提高社会主义现代化国际大都市治理能力和水平》，《人民日报》2019年11月4日。

目 录

第一章 数字政府的"两个面向":"一网通办""一网统管"

第一节 数字政府的概念及其特征 …………………………………… 4

第二节 "一网通办""一网统管":上海数字政府建设的实践探索 …… 7

第三节 "人民城市"理论、整体性政府理论和智慧型政府理论: 以"一网通办""一网统管"为牵引的数字政府建设的理论基础 …………………………………………………… 16

第二章 "高效办成一件事":"一网通办"改革探索

第一节 "进一网":形塑"一网通办"改革推进主体 构建整合的政务服务平台 …………………………………………… 40

第二节 "能通办":形成"一梁四柱"的"一网通办"运行体系 推动数据共享和流程再造 …………………………………… 45

第三章 "高效处置一件事":"一网统管"改革的基本设计

第一节 城市治理现代化的创新性举措 ……………………………… 57

第二节 通过"统"来推进"高效处置一件事" ……………………… 60

第四章 "政务智能办"：浦东新区"一网通办"的改革探索

- 第一节 "政务智能办"改革的主要做法 ……………………… 75
- 第二节 "政务智能办"改革的经验与启示 …………………… 80

第五章 数字孪生：黄浦区推进城市运行"一网统管"改革探索

- 第一节 改革的动因分析 ………………………………………… 85
- 第二节 改革的主要做法和举措 ………………………………… 87
- 第三节 改革的经验与启示 ……………………………………… 97

第六章 打造24小时"不打烊"的数字政府：徐汇区探索"两网融合融通"路径

- 第一节 改革的总体概况 ………………………………………… 101
- 第二节 改革的主要做法 ………………………………………… 103
- 第三节 改革的经验与启示 ……………………………………… 112

第七章 问题与挑战："两网融合"协同推进数字政府建设面临的难点

- 第一节 距离"像网购一样方便"还有差距——"一网通办"改革面临的问题和挑战 …………………………………… 118
- 第二节 规范性和标准化不断提升与体验度和获得感有待提高："一网通办"评估状况分析 …………………………… 120

第三节　进一步推进"一网统管"改革过程中存在的问题和挑战 ……… 127

第四节　"两网融合"的有效度有待提升 …………………………………… 132

第八章　推进"一网智治"深化数字政府建设

第一节　推动"一网通办"由"能办"向"好办""愿办"深化 ………… 137

第二节　优化和完善"一网统管"，用更好的"统"来实现

更优的"治" ……………………………………………………… 151

第三节　以"两张网"为牵引，推进"一网智治"，建设数字政府 …… 157

后记 ……………………………………………………………………………… 169

第一章 数字政府的『两个面向』:『一网通办』『一网统管』

第一章　数字政府的"两个面向"："一网通办""一网统管"

2023年2月，中共中央、国务院印发的《数字中国建设整体布局规划》指出："建设数字中国是数字时代推进中国式现代化的重要引擎，是构筑国家竞争新优势的有力支撑。加快数字中国建设，对全面建设社会主义现代化国家、全面推进中华民族伟大复兴具有重要意义和深远影响。"[1]数字政府是数字中国在政府管理和治理领域的建设目标，数字政府建设的水平和状况是衡量治理体系和治理能力现代化的重要方面。2022年出台的《国务院关于加强数字政府建设的指导意见》明确规定，加强数字政府建设是适应新一轮科技革命和产业变革趋势、引领驱动数字经济发展和数字社会建设、营造良好数字生态、加快数字化发展的必然要求，是建设网络强国、数字中国的基础性和先导性工程，是创新政府治理理念和方式、形成数字治理新格局、推进国家治理体系和治理能力现代化的重要举措，对加快转变政府职能，建设法治政府、廉洁政府和服务型政府意义重大。党的十八大以来，经过各方面共同努力，各级政府业务信息系统建设和应用成效显著，数据共享和开发利用取得积极进展，一体化政务服务和监管效能大幅提升，"最多跑一次""一网通办""一网统管""一网协同""接诉即办"等创新实践不断涌现，数字技术在新冠疫情防控中发挥重要支撑作用，数字治理成效不断显现，为迈入数字政府建设新阶段打下了坚实基础。[2]可以看出，缘起于上海的"一网通

---

[1]《中共中央国务院印发〈数字中国建设整体布局规划〉》，《人民日报》2023年2月28日。

[2] 参见国务院办公厅：《国务院关于加强数字政府建设的指导意见》，《人民日报》2022年6月23日。

办""一网统管"是数字政府建设在地方的重要实践探索，具有一定的典型性和示范性。以"一网通办""一网统管"为例透视数字政府建设的路径和方式有重要的理论和现实意义。

"一网通办""一网统管"是践行和落实人民城市重要理念的实践探索。习近平总书记指出，城市是生命体、有机体，要敬畏城市、善待城市，树立"全周期管理"意识，努力探索超大城市现代化治理新路子。城市在我国治理体系中有着特殊的地位，发挥着特定的作用。从城市治理角度来看，城市政府需要服务公民个体、法人主体和城市生命体，而数字政府建设则为更好地服务上述三类主体提供了可能的路径。一段时间以来，上海在全国率先推出"一网通办""一网统管"改革，服务公民个体、法人主体和城市生命体，取得了一定的成效，产生了示范和引领效应。2019年，"一网通办""一网统管"分别被写入国务院政府工作报告和"十四五"规划之中。从运行和作用领域来看，"一网通办"着力于"互联网＋政务服务"，"一网统管"致力于"互联网＋治理"，两者既有所侧重，又相互协同，构成了数字政府的"两个面向"。本书以上海市"一网通办""一网统管"改革为例，梳理数字政府建设的主要做法和举措，分析改革取得的成效，剖析存在的问题和难点，透视地方政府特别是城市政府进一步建设数字政府的路径和方式，以期为数字政府建设提供实践探索经验和借鉴。

第一节　数字政府的概念及其特征

随着数字技术的发展，数字化不仅深刻影响了社会，也为政府建设带来了新的动力和支撑，促进了数字政府的建设。数字中国、数字政府是一段时间以来我国理论界和实务部门常常提及的高频词。

第一章　数字政府的"两个面向":"一网通办""一网统管"

随着科学技术的发展,数字化已经成为社会发展的重要趋势。中国传统文化强调"上善若水",数字恰如水一样,无声无形而又无处不在,"利万物而无不争"。数字化赋能管理和治理,使管理者对管理和治理对象之间的数量关系有了清晰的认识和把握。推动公共管理由传统的模糊管理向清晰治理转变,形塑了新的生产方式和生活方式。随着电脑和手机的普及,中国网民人数不断增加,到2022年底,中国使用手机互联网的人数已经超过10亿,人们已经习惯于通过互联网尤其是手机互联网了解世界、获取政务服务、参与社会活动。这些都要求政府进行适度调整和改革,以适应新时代发展的需要。

数字政府随着数字技术的发展而生。数字政府是指政府以新一代信息技术为支撑,综合运用大数据、云计算、区块链、人工智能等新兴互联网技术,对治理过程所需的各种数据和信息,以数字化形式自动采集、整合、存储、管理、交流和分析,提升政府行政效率与决策科学性的新型政府运行模式。[①] 从本质上来看,一方面,数字政府是政府的一种类型和形态,政府是数字政府的本质属性;另一方面,数字化赋能政府,为更好地实现政府职能提供了方式和路径。数字政府是政府治理的新模式、新范式。数字政府是技术和组织层面的多方驱动,既有技术层面的特点,也有组织层面的特征。数字化赋予了政府新的内涵,也形塑了政府建设的新方向。具体而言,数字政府的特征主要体现在以下四个方面。

首先,数字技术的引入——数字政府的支撑。随着大数据、云计算、区块链、人工智能等数字技术的发展,将这些新的数字技术引入政府治理中成为推进政府改革的必然要求。传统的政府运行模式对于治理对象的数量关系掌握不太清晰,习惯于凭经验进行模糊治理,决策、执行、评估的

---

① 参见江文路、张小劲:《以数字政府突围科层制政府——比较视野下的数字政府建设与演化图景》,《经济社会体制比较》2021年第6期。

如何建设数字政府
——"一网通办""一网统管"的上海实践

科学性和有效性有待提高。数字技术的发展为清晰了解和把握治理对象提供了支撑。遍布的感应器可以更好地感知和捕捉治理对象的脉动；算法和算力的提升能够使政府更好地了解和把握治理发展的动向，预测和预防可能存在的风险；区块链等技术能保障这些感知、捕捉和判断获得的数据是真实、不可篡改的；基于合理的算法、算力以及创新性想法的应用场景能最大化彰显技术的力量。这些都为政府更好地履行职能、发挥作用提供了支撑。

其次，数据成为重要因素——数字政府的基础。与数字技术发展相伴相生的是数据的作用进一步凸显。数据日益成为最重要的生产资料和生活资料。数字政府需要更多地收集和掌握数据，并且这里的数据需要"在线、活用、闭环"。"在线、活用"要求数据在应用场景中保持不断更新，做到对"人、物、动、态"方面数据的及时调整；"闭环"要求数据根据需要进行治理，形成数据收集、数据分析、数据确认的动态体系。在"在线、活用、闭环"的基础上，对数据之间的关联和关系进行分析和梳理，推动数据成为大数据，进而为更好地提供政务服务和进行政府治理提供基础。

再次，以人民为中心——数字政府的关键。在数字政府建设的出发点、落脚点、考核点等方面都要坚持以人民为中心的发展思想。传统的科层体制在政府管理中发挥了重要作用，随着政府治理对象和治理事项的日益增多，政府治理的复杂度日益增强，科层体制也暴露出管理碎片化和治理僵化等弊端。数字政府建设要求克服传统科层体制的弊端，借鉴私人部门的"以客户为中心"原则，构建"以人民为中心"的运行机制和运营模式。在出发点方面，从人民群众需求出发设计和安排政务服务和治理，实现"民有所呼、我有所应"的目标；在运行流程方面，从人民群众的需求而不是政府部门的需求出发设计"一件事"的服务和治理流程，推动政务服务和治理流程的优化和再造；在评价系统方面，将人民群众作为评价的最重要主体，将人民群众是否满意以及满意的程度（以"好差评"制度为基础）作为评价的最重要指标。通过一系列制度安排，将"以人民为中心"贯穿全过程，是数字政府建设的关键。

最后，平台型政府——数字政府的实质。数字政府建设是以技术为基础、以平台思维为理念撬动组织和制度层面的改革，是组织、制度、技术三者的耦合体。平台型政府是数字政府的实质。这里的平台型政府是为解决跨界公共治理问题，以平台技术为支撑，以政府为主体搭建的制度化协作体。数字政府以整体性政府理论、协同治理理论和流程再造理论为基础，主要指向政府运行体系存在的信息不对称、各自为政、条块分割等结构性问题。[①] 数字政府强调政府是治理的重要主体，但并非唯一主体。政府通过搭建数字化平台，调动和发挥政府、市场、社会多方面的参与积极性，提高治理效能。在政府内部，要通过标准化数据基础上的统一平台建设，打破政府运行体系内部的各自为政、条块分割等碎片化状况，推动跨领域、跨层级、跨部门的协同和整合，打造整体性政府。

第二节 "一网通办""一网统管"：上海数字政府建设的实践探索

上海将"一网通办"和"一网统管"改革作为数字政府建设的"两个面向"，统筹考虑，一体推进。"一网通办"着力"互联网＋政务服务"，主要服务公民个体和法人主体，体现"优化服务"的要求；"一网统管"强调"互联网＋治理"，主要服务城市生命体，体现"放管结合"的需要。

---

① 参见韩万渠、柴琳琳、韩一：《平台型政府：作为一种政府形态的理论构建》，《上海行政学院学报》2021年第5期。

如何建设数字政府
——"一网通办""一网统管"的上海实践

"一网通办""一网统管"改革与服务型政府要求的"放管服"改革紧密相连。

一、"一网通办""一网统管"：新时代发展的新要求

从上海市数字政府建设的情况来看，推行"一网通办"和"一网统管"改革是多方因素共同作用的产物。

首先，城市精细化管理带来的动力。习近平总书记在考察上海时强调，城市管理要像绣花一样的精细。① 随着城市的不断发展，城市成为复杂巨系统。这里的复杂巨系统既体现为系统数量越来越多，也体现为系统内部涉及的要素越来越多。面对作为复杂巨系统的城市，传统的管理方式和路径已经很难适应。与此同时，城市治理同样面临人民日益增长的美好生活需要和不平衡不充分的发展之间的矛盾。这就要求政府能够给服务对象提供分类、多样的精细化政务服务，能够对城市实施精细化治理和管理。数字化为城市实施精细化治理提供了可能的路径和方式，"一网通办""一网统管"改革正是在这一背景下提出并推行的。

其次，城市治理竞争造成的压力。一段时间以来，各地普遍重视数字政府建设。浙江、江苏分别推出"最多跑一次""不见面审批"改革，浙江省杭州市提出建设"城市大脑"，广东省在"互联网+政务服务"和数字政府建设方面也取得了很好的进展和成绩，在全国产生了较大的影响。这些也推动上海在数字政府建设方面强化探索、深化改革。

再次，机构改革呼唤形成政府内部合力。"大部制"改革要求将职能相近、相似的政府部门合并，形成合力，更好地为民众提供公共服务。在政

---

① 参见《当好改革开放的排头兵——习近平上海足迹》，人民出版社、上海人民出版社 2022 年版，第 3 页。

务服务和城市治理领域，同样需要推进整合，更好地提供政务服务，提升治理水平。无论是"进一网、能通办"还是"一屏观天下、一网管全城"，都体现了"大部制"改革的要求。信息化、智慧化基础上的数字政府建设为更好地形成政府内部合力提供了可能。

最后，"有限政府"和"有为政府"之间的张力。党的十九届五中全会提出，要"坚持和完善社会主义基本经济制度，充分发挥市场在资源配置中的决定性作用，更好发挥政府作用，推动有效市场和有为政府更好结合"。[①] 政府应当既是有限政府，也是有为政府。有限政府决定政务服务的范围和广度，有为政府强调政务服务和城市治理的深度。"一网通办"改革可以有效提高政务服务水平和效能，"一网统管"改革可以有效提升城市治理的水平，从而有效拓展有为政府和有限政府的服务广度、深度和效度。

二、"一网通办"[②]——"以人民为中心"高效办成一件事

2018年开始，上海进行"一网通办"改革探索。"一网通办"改革融合了服务型政府、整体性政府的特点，是新时代践行以人民为中心的发展思想，进行政务服务改革的新探索。"一网通办"与其他"互联网+政务服务"改革相比有相似性，又在打造路径、目标取向上表现出自身的特殊性。

"一网通办"强调从人民群众需求出发，推动高效办成一件事，即"进一网、能通办"。概言之，人民群众要获得各种政务服务，可以在线上电

[①] 《中国共产党第十九届中央委员会第五次全体会议公报》，人民出版社2020年版，第14页。

[②] 部分内容发表于《光明日报》，参见赵勇：《"一网通办"是提升城市治理现代化水平的重要抓手》，《光明日报》2019年12月2日。

如何建设数字政府
——"一网通办""一网统管"的上海实践

脑（PC）端和手机端进一个网站，线下到一个窗口获取，努力做到"进一个端口办大小事情"。

所谓政务服务"一网通办"，是指将政务服务事项整合到一个网络平台，加强数据集成共享，推动流程优化完善，设计企业专属网页和市民个人主页，实现企业和市民只进一张网就能办所有事，像"网购"一样方便。[①] 换言之，"一网通办"是指践行和落实以人民为中心的发展思想，在提供政务服务的过程中强化信息化手段、运用互联网思维，在整合办事部门、优化政府办事流程的基础上构建统一的一体化在线政务服务平台，推动政府公共信息的互联互通互享互助，促进线上线下政务服务的融通，在线下整合公共服务的同时为群众提供线上政务服务新路径，促进不同区域不同政府部门在相同事项上无差别受理、零差别办理，实现在一定区域内跨区域、跨部门通办，推进政府在理念、结构、流程、效能、监督等方面的全面再造，努力做到获取政务服务减材料、减证明、减时间、减跑动次数，打造整体性政府。"一网通办"涉及的四个字有特定的含义，整合在一起构成了有内在逻辑关系的概念体系。

首先，"一网通办"的核心在于"办"。"办"重视的是办理，一方面强调从民众角度出发，提高和完善企业和个人办事的体验性、感受度、获得感，使民众能够及时、方便地获取公共服务；另一方面强调在政府部门方面，提高各个层级政府以及同一级政府内部不同部门之间提供管理和服务的协同性和便利度，促进服务效能的提高。从"办"的角度来看，先是从政府部门能力出发的供给侧"能办"，然后是从企业和民众出发的需求侧的"好办""愿办"。

[①] 参见李强：《弘扬伟大建党精神 践行人民城市理念 加快建设具有世界影响力的社会主义现代化国际大都市——在中国共产党上海市第十二次代表大会上的报告》，《解放日报》2022年6月30日。

务服务和城市治理领域，同样需要推进整合，更好地提供政务服务，提升治理水平。无论是"进一网、能通办"还是"一屏观天下、一网管全城"，都体现了"大部制"改革的要求。信息化、智慧化基础上的数字政府建设为更好地形成政府内部合力提供了可能。

最后，"有限政府"和"有为政府"之间的张力。党的十九届五中全会提出，要"坚持和完善社会主义基本经济制度，充分发挥市场在资源配置中的决定性作用，更好发挥政府作用，推动有效市场和有为政府更好结合"。[①] 政府应当既是有限政府，也是有为政府。有限政府决定政务服务的范围和广度，有为政府强调政务服务和城市治理的深度。"一网通办"改革可以有效提高政务服务水平和效能，"一网统管"改革可以有效提升城市治理的水平，从而有效拓展有为政府和有限政府的服务广度、深度和效度。

二、"一网通办"[②]——"以人民为中心"高效办成一件事

2018年开始，上海进行"一网通办"改革探索。"一网通办"改革融合了服务型政府、整体性政府的特点，是新时代践行以人民为中心的发展思想，进行政务服务改革的新探索。"一网通办"与其他"互联网+政务服务"改革相比有相似性，又在打造路径、目标取向上表现出自身的特殊性。

"一网通办"强调从人民群众需求出发，推动高效办成一件事，即"进一网、能通办"。概言之，人民群众要获得各种政务服务，可以在线上电

---

① 《中国共产党第十九届中央委员会第五次全体会议公报》，人民出版社2020年版，第14页。

② 部分内容发表于《光明日报》，参见赵勇：《"一网通办"是提升城市治理现代化水平的重要抓手》，《光明日报》2019年12月2日。

脑（PC）端和手机端进一个网站，线下到一个窗口获取，努力做到"进一个端口办大小事情"。

所谓政务服务"一网通办"，是指将政务服务事项整合到一个网络平台，加强数据集成共享，推动流程优化完善，设计企业专属网页和市民个人主页，实现企业和市民只进一张网就能办所有事，像"网购"一样方便。[①] 换言之，"一网通办"是指践行和落实以人民为中心的发展思想，在提供政务服务的过程中强化信息化手段、运用互联网思维，在整合办事部门、优化政府办事流程的基础上构建统一的一体化在线政务服务平台，推动政府公共信息的互联互通互享互助，促进线上线下政务服务的融通，在线下整合公共服务的同时为群众提供线上政务服务新路径，促进不同区域不同政府部门在相同事项上无差别受理、零差别办理，实现在一定区域内跨区域、跨部门通办，推进政府在理念、结构、流程、效能、监督等方面的全面再造，努力做到获取政务服务减材料、减证明、减时间、减跑动次数，打造整体性政府。"一网通办"涉及的四个字有特定的含义，整合在一起构成了有内在逻辑关系的概念体系。

首先，"一网通办"的核心在于"办"。"办"重视的是办理，一方面强调从民众角度出发，提高和完善企业和个人办事的体验性、感受度、获得感，使民众能够及时、方便地获取公共服务；另一方面强调在政府部门方面，提高各个层级政府以及同一级政府内部不同部门之间提供管理和服务的协同性和便利度，促进服务效能的提高。从"办"的角度来看，先是从政府部门能力出发的供给侧"能办"，然后是从企业和民众出发的需求侧的"好办""愿办"。

[①] 参见李强：《弘扬伟大建党精神　践行人民城市理念　加快建设具有世界影响力的社会主义现代化国际大都市——在中国共产党上海市第十二次代表大会上的报告》，《解放日报》2022年6月30日。

第一章 数字政府的"两个面向":"一网通办""一网统管"

其次,"一网通办"的关键在于"通"。这里的"通"主要表现为虚拟空间和物理空间的整合和联通,表现为线上和线下的联动和共通。在虚拟空间方面,强调通过建立整合的大数据中心,建立统一的公共服务网,归集原来分散在各个部门的数据,促进政府部门的数据和信息的共享。在数据共享方面,坚持"以共享为原则,以不共享为例外",推动政府部门内部数据的联通和共享,为高水平的公共服务和高质量的公共管理提供技术支持。在物理空间方面,强调整合多方资源,促进政府部门的集中和协同,推进政府服务资源和部门的整合,为社会和公众提供整合的公共服务。

再次,"一网通办"的基础在于"网"。通过构建统一的电子政务服务平台,整合原来分散于各个政府部门的数据,发现优化和完善政务服务流程的空间和可能,形成监督各个政府部门行政行为的客观性机制,以信息化为手段促进政府流程再造,倒逼政府进行改革,优化政务服务。在优化线下服务的基础上,提供类似"网购"一样的线上公共服务新路径,实现线上线下两方面政务服务获取路径的同步优化和发展。

最后,"一网通办"的前提在于"一"。强调"一个整体、一个门户、一门服务、一窗受理",努力实现"只跑一次、一次办成"。"一个整体"就是通过政务服务在虚拟空间(线上)的统一和整合倒逼政府部门在物理空间(线下)上的整合,促进政府打破管理的碎片化,打造整体性政府;"一个门户"就是建立统一的电子政务服务平台,提供整合的公共服务;"一门服务"是线下将面向企业和民众的公共管理和公共服务集中到一个统一的地点,让企业和民众只要去一个线下地点就能获得所需要的多种公共服务;"一窗受理"就是将涉及民众的行政审批事项集中到单一窗口,让企业和民众能够申请的公共管理和公共服务一次办成;"只跑一次,一次办成",是对企业和民众而言的,通过"让数据多跑路,民众少跑腿",使

如何建设数字政府
——"一网通办""一网统管"的上海实践

民众能够更好、更方便地获得公共服务。[①]

总体看来,"一网通办"中"网"的使用体现了互联网思维和数字化取向:"一"重视整合性、整体性,努力打造整体性政府,两个字综合起来体现了智慧型政府和整体性政府建设的要求;"通办"的使用彰显了建设服务型政府的取向。"一网通办"体现了智慧型政府、整体性政府和服务型政府相融通的特点。在目标取向方面,"一网通办"并非简单地指减少群众和企业跑动次数,而是努力集成多个价值目标,通过电子政府的建设倒逼政府进行流程再造,推动政府部门的信息共享。2001年,Layne和Lee从公共管理的角度提出电子政务的成长阶段模型,提出了电子政务变迁的框架:第一阶段是登记分类;第二阶段是事务处理,以及支持在线交易;第三阶段是政府信息系统的垂直管理,即实现了跨层级的服务;第四阶段是横向整合,即提供跨部门的服务,民众面对的是一个整体的政府。"一网通办"力图做到上述纵向和横向的集成,将打造整体性政府作为改革的重要目标。"一网通办"的智慧型政府、整体性政府和服务型政府互相融通和结合的特点,使它能够为全国一体化在线服务平台所借鉴和使用,成为全国一体化在线服务平台的"上海样本"。

三、"一网统管"——以智能化为支撑"高效处置一件事"

在"一网通办"改革的基础上,上海市又推行了"一网统管"改革。2019年以来,上海市推出"一网统管"改革。"一网通办"改革聚焦于政务服务领域,从人民群众的需求出发着力于"高效办成一件事";"一网统管"聚焦于城市运行治理,着力于"高效处置一件事"。时任上海市委主

[①] 参见赵勇:《"一网通办"是提升城市治理现代化水平的重要抓手》,《光明日报》2019年12月2日。

第一章　数字政府的"两个面向":"一网通办""一网统管"

要负责人指出,"一网统管"着力于"高效处置一件事",努力做到"一屏观天下、一网管全城"。①

城市运行"一网统管"是将城市运行领域的管理、业务和信息集中到一个网络系统,实时精准发现和排查风险隐患,做到及时感知、快速反应、协同处置。②"一网统管"就是通过引入智慧化、智能化管理手段和方式,推动"高效处置一件事",实现"一屏观天下、一网管全城"的目标。具体而言,"一"强调成立统一的城市运行管理系统整体推进改革,强调基础设施的统一性、数据信息的一致性、处置平台的标准化和处置过程的协同性,打造"整体性政府"。"网"主要强调纵向横向和线上线下的协同,引入互联网技术和大数据思维,通过构建整合的城市运行平台,优化和完善处置流程,提升城市管理和社会治理的智能化、智慧化水平,提高处置效率和效能,为建设智慧政府提供支撑。需要注意的是,"一网统管"中的"统"并非是指将城市治理事项统统管起来,而是强调政府搭建平台推动多元治理,引入信息化、智能化手段,发挥城市运行管理中心的统一、统筹、统领作用,将城市治理过程中该管、需要管、能管的事项管好,推动有限政府、有效政府和有为政府建设。理解"一网统管"还需要准确把握"统"。具体而言,"统一"主要指统一数据资源、地理信息系统、处置力量、基本管理事项、管理平台、管理运行系统,为协同治理提供保障;"统筹"主要指数据、资源、力量的整合,打破政府管理和社会治理的碎片化,建设整体性政府;"统领"主要指通过智能化平台和智慧性手段的引入,倒逼和撬动政府进行改革和再造,统领政府流程的革命性再造和政府改革。

---

① 参见张红亮、梁晓鹏、亢爱国:《国内外电子政务发展阶段模型研究》,《新世纪图书馆》2009年第6期。

② 参见李强:《弘扬伟大建党精神　践行人民城市理念　加快建设具有世界影响力的社会主义现代化国际大都市——在中国共产党上海市第十二次代表大会上的报告》,《解放日报》2022年6月30日。

如何建设数字政府
——"一网通办""一网统管"的上海实践

"管"主要指全生命周期的治理理念和模式。强调坚持推进政府职能转变，明确政府该管也必须管好的事项，探索形成城市全生命周期管理，通过技术赋能和政府再造实现更好的"放"和更优的"管"。可以看出，"一网统管"建设的目标是"搭建一网平台，统筹管理事务"，即"建一网，统筹管"。城市运行"一网统管"的内涵主要体现在其目标、价值取向和基本架构等方面。

首先，"一网统管"坚持"一屏观天下、一网管全城"的目标定位。所谓"一屏观天下"，就是在一个端口上实现城市治理要素、治理对象、治理过程、治理结果等各类信息和数据的全景呈现。所谓"一网管全城"，就是把城市治理领域所有事项放到一个平台上进行集成化、协同化、闭环化处置，提升处置的效果和效能。"一屏观天下、一网管全城"的治理目标具体有两个方面的要求：一是全域全量数据的汇聚与运用。"一网统管"秉持系统治理，坚持综合治理理念，整合城市治理各领域的信息数据和生产系统，构建万物互联、数字联通的治理系统。二是"观、管、防"的有机统一。"观"是"集中看"，将分散的数据集中到一起，观察和观看治理事项现场；"管"是"多元治"，在数据和要素集中的基础上，搭建平台，实现对管理事项的多元治理；"防"是"防未然"，依据数据治理，预防和防止可能存在的风险。其中，"观"是基础前提，"管"是关键所在，"防"是更高要求。概言之，就是要围绕治理"一件事"实现数字化呈现、智能化管理和智慧化预防。

其次，"一网统管"强调"应用为要、管用为王"的价值取向。"一网统管"建设中要做到"实战中管用、基层干部爱用、群众感到受用"，将管用、爱用、受用作为数字治理的阶段性指向和深化的支撑。为此，应当把握三个着力点：一要着眼于"高效处置一件事"，以治理事项为中心，让技术围着业务转，将技术服务业务，理顺派单、协调、处置、监督的管理流程，推动一般常见问题的及时处置、重大疑难问题的有效解决、风险

第一章　数字政府的"两个面向":"一网通办""一网统管"

预防关口的主动前移;二要着眼于防范化解重大风险,既要解决人民群众面临的具体问题,也要解决超大城市运行中的重大问题,特别是各种可以预料和难以预料的重大风险;三要着眼于跨部门、跨层级、跨领域的协同联动,推动"一件事"处置效能和效果的提升。

最后,"一网统管"的基础是构建"三级平台、五级应用"的"高效处置一件事"运行主体架构。"一网统管"需要加强组织领导,成立具体改革推进部门来推动。上海市构建了"一网通管"运行的"三级平台"。具体而言,"三级平台"就是指市、区、街镇三级城市运行管理中心(简称城运中心),这也与上海市"三级政府、三级管理"和"两级政府、三级管理"体制相适应。三级城运中心都实行实体化运作,统筹管理本辖区内的城市运行管理事项。当然,"三级平台"在运行机制和重点上还是各有侧重的。市级城运中心重在抓总体、抓大事,具体包括确定"一网统管"运行的逻辑框架,建设重大数据基础设施,制定操作业务规则,开发市级平台业务应用,并为全市"一网统管"建设提供统一的规范和标准。区级城运中心是承上启下的重要环节,是绝大多数事件处置的主要指挥中心,重在发挥枢纽、支撑功能。街镇城运中心是信息收集的前端和事件处置的末端,重在抓处置、强实战,重点处置城市治理中的具体问题。

上海在"三级平台"的基础上还重视"五级应用"。"五级应用"主要指从市级、区级、街镇、网格到社区(楼宇)五个层级推进改革。前三级侧重指挥协调功能,后两级则主要是利用移动终端进行现场处置。"五级应用"相互之间有分工,也相互联系。"五级应用"相互之间重在赋能,每一级着眼于为下一级赋能,着眼于解决基层的共性问题和难题。

第三节 "人民城市"理论、整体性政府理论和智慧型政府理论：以"一网通办""一网统管"为牵引的数字政府建设的理论基础

一、"人民城市"理论

2019年11月2日，习近平总书记在十九届四中全会闭幕不久，到上海杨浦滨江考察黄浦江岸线贯通和老工业基地改造时，对上海滨江贯通工作给予了充分肯定，提出了"人民城市人民建，人民城市为人民"的重要理念。这是"人民城市"的重要理念，是马克思城市理论的继承和发展。

在马克思对人类未来发展的描述中，城市是基本的把握维度。马克思认为，现代大工业是直接与城市联系在一起，以城市为基本的空间存在形式。马克思指出："它建立了现代的大工业城市——它们的出现如雨后春笋——来代替自然形成的城市。凡是它渗入的地方，它就破坏手工业和工业的一切旧阶段。它使城市最终战胜了乡村。"[1] 与此同时，马克思高度重视共同体中人的自由，马克思指出，共产主义的理想是建立自由人的联合体，"在那里，每个人的自由发展是一切人的自由发展的条件"[2]。当然，马克思的城市理论和人本思想两者之间并没有得到充分的结合。习近平总书记深入到城市这一共同体中，创造性地提出"人民城市人民建、人民城市为人民"的重要理念，既是对马克思城市思想的继承，也是融通马克思城市思想和人本思想的重要理论发展和创新。深刻回答了城市建设发展依靠

---

[1] 《马克思恩格斯选集》第1卷，人民出版社2012年版，第194页。
[2] 《共产党宣言》，人民出版社2018年版，第51页。

谁、为了谁的根本问题，深刻回答了建设什么样的城市、怎样建设城市的重大命题，为新时代人民城市的建设和发展提供了根本遵循。

"一网通办""一网统管"改革作为城市治理现代化的改革举措，为"人民城市人民建"提供了数字化路径和方式；同时，"一网通办""一网统管"重视通过数字化手段把最好的资源留给人民，用最优的供给服务人民，提升人民的获得感、幸福感和安全感。一定意义上说，"为人民"是"一网通办""一网统管"改革的出发点和落脚点。"人民城市"理论为"一网通办""一网统管"提供了指引和遵循，也构成了数字政府建设的理论基础。

二、整体性政府理论

（一）整体性政府理论的形成与内涵

整体性政府是继传统官僚制理论与新公共管理理论之后，响应复杂公共事务治理实践需要，于20世纪90年代中后期诞生的新的治理范式。整体性政府理论批判传统官僚制理论影响下行政体系条块分割、壁垒森严，无法有效回应复杂化、个性化、多元化的公众需求，从而导致公共部门绩效低下的沉疴；批判新公共管理理论在引入市场化、分权化和民营化治理工具的同时，带来了更为严重的碎片化弊端；主张构建以公民需求和问题解决为导向，以层级、功能和公私合作伙伴关系整合为基本理念，以数字时代信息技术发展为关键驱动力的富有预见性和以结果为导向的整体性政府。[①]

整体性政府理论的提出、演进与完善分为三个阶段。第一阶段是整体性政府概念的提出与理念的形成，主要标志是1977年英国学者佩里·希克斯的著作《整体性政府》出版。希克斯通过观察发现，大量社会问题的

---

① 参见张玉磊：《整体性治理理论概述：一种新的公共治理范式》，《中共杭州市委党校学报》2015年第5期。

产生和严重化深受政府部门过度分割的影响。第二阶段是整体性政府实施策略的完善,主要标志是 1999 年佩里·希克斯与戴安娜·叶合著的《圆桌中的治理——整体性政府的策略》一书的出版。该书重点针对因部门间缺乏有效协调导致公共政策制定不连贯与执行不顺畅等问题,提出以强化协调实现最大限度整合的具体举措。第三阶段是整体性政府理论深化阶段,主要标志是 2002 年佩里·希克斯、戴安娜·叶、金伯利·舒尔茨、加里·斯多克等人联合出版《迈向整体性治理:新的改革议程》一书。该书的突出贡献是将整体性政府推向整体性治理研究阶段,并分析了整体性治理的实现过程与推进举措,具体包括协调不同组织之间的目标与手段,消除不同组织的认知差异并改善信息流通,整合政策执行与流程设计等环节。①

表 1—1 整体性政府与传统公共管理理论比较

	传统官僚制	新公共管理	整体性政府
管理理念	政府以公共部门形态进行管理	政府借鉴企业管理经验进行管理	政府跨层级、跨部门、跨界别合作
运作原则	功能性分工	政府功能部分整合	政府整合型运作
组织形态	层级节制	直接专业管理	网络式服务
核心关怀	依法行政	运作标准与绩效指标	满足公众需求
成果检验	注重投入	注重产出	注重结果
权力运作	集权	分权	扩大授权
财务运作	公务预算	竞争	整合型预算
文官规范	法律规范	纪律与节约	公务伦理与价值

---

① 参见张玉磊:《整体性治理理论概述:一种新的公共治理范式》,《中共杭州市委党校学报》2015 年第 5 期。

第一章　数字政府的"两个面向":"一网通办""一网统管"

续表

	传统官僚制	新公共管理	整体性政府
运作资源	运用人力	信息科技	网络治理
政府服务项目	政府提供各种服务	强化中央政府的掌舵能力	政府整合解决公共问题
时代特征	政府运作的逐步摸索改进	政府引入竞争机制	政府制度与公众需求、科技、资源高度整合

总体上看,整体性政府理论突出政府在满足公众需求基础上解决公共问题,突出强调公共治理主体之间的高度整合与协调,强调信息技术在整体性政府建设中的技术支撑作用。这些方面与上海市政务服务"一网通办"和城市运行"一网统管"已经实施和正在进行的改革实践相契合。

(二)强调问题导向与公众需求导向

传统政府管理过于注重解决政府的问题和满足政府部门的利益,而政务服务"一网通办"和城市运行"一网统管"与整体性政府建设均强调以问题导向和公众需求导向为出发点和落脚点,最大限度地满足企业和群众的需要。

一段时间以来,不少国家都将整体性政府理念运用于政务服务改革实践中。如英国在1999年发布的《现代化政府》白皮书中,把"联合的公共服务供给"作为政策目标,将协同、协调和整合方法广泛运用于健康服务等事项中。澳大利亚将8个联邦部门、各个州与地方政府的各种社会服务链接在一起,为公民提供一站式服务。[①] 韩国通过构建政府总体架构,将面向政府、企业和公众的跨政府服务整合到一个平台上,探索解决了政务

---

① 参见曹现强、顾伟先:《政府服务热线标准化与整体性政府的构建——以济南市12345热线为例》,《公共管理与政策评论》2014年第3期。

服务系统碎片化问题的路径，显著提升了政务服务的效率和水平。[①]

（三）注重政务服务的整合与协调

整合是整体性政府的核心，是政府组织实现有效协调的过程。整体性政府对于整合的界定有别于官僚制与新公共管理理论对整合概念的界定。官僚制中的整合是指自上而下的等级制体系的权威性整合；新公共管理理论强调以效率为目标的竞争性整合；而整体性政府理论强调的是跨层级、跨业务和跨主体的合作性整合。[②]根据整体性政府理论，部门主义和专业主义盛行，会导致公共治理碎片化，带来重复建设、责任转嫁和目标冲突等问题，不少社会问题也会因此而变得更加严重。政务服务和城市治理领域的部门主义和专业主义，不仅使政务服务供给和城市治理过程产生了大量经济和社会成本，而且还为政府部门留下了权力寻租的空间。因此，从政务服务供给便捷性与规范性和城市治理有效性角度来看，最大限度地实现政务服务主体整合、资源整合、流程整合与事项整合，是上海市政务服务"一网通办"和城市治理"一网统管"持续推进的重要工作。

整体性政府理论表明，协调是实现整合的主要举措，整合效果取决于协调水平的高低。上海市政务服务"一网通办"和城市治理"一网统管"涉及单个政府机构内部跨部门业务整合、不同政府机构间业务协同与流程再造，以及纵向权力主体之间的跨层级整合。从实践情况来看，单个政府机构内部跨部门业务整合相对容易，主要原因是来自同一个政府机构的各个部门职责相对接近，功能联结紧密，各部门遵守共同的规章制度，因此部门间协调难度相对较小，整合效果也比较明显。相比之下，跨政府组织

[①] 参见陈畴镛：《韩国数字政府建设及其启示》，《信息化建设》2018年第6期。

[②] 参见张玉磊：《整体性治理理论概述：一种新的公共治理范式》，《中共杭州市委党校学报》2015年第5期。

和跨政府层级的协调难度相对较大,整合效果不够明显,主要限制性因素包括制度规范差异、事项权限差异、行政文化差异,行政级别不对等和信息不对称,等等。

整体性政府理论指出,相互信任、责任意识与制度保障是推进横向和纵向政府组织间合作的关键要素。相互信任的核心是在政府组织间、政府与企业、政府与公众之间建立起相互合作和信任的积极关系,相互信任是实现整合的最积极形态,这也意味着对传统行政文化的积极革新。责任意识主要表现在,如公私分明,不损公肥私;以最小行政成本实现最优政务服务效果;政务服务过程的公开透明、公正合规与问责有力等。尤其是跨省际的政务服务协同,应当以谋求共同发展为宗旨,相互支援、互通有无,寻求从单一性到多样性,从纵向指令到横向协同的政府间关系转变。[①]

当然,整体性政府理论是缘起于西方的政府治理理论,从出发点看,整体性政府理论是服务于少数群体的政府治理理论;从本质属性来看,整体性政府理论是资产阶级的政府治理理论。因此,一方面可以借鉴其分析问题的方法和路径,另一方面要认识其背后的局限性,进行批判性吸收和借鉴。

(四)发挥信息技术的支撑作用

信息技术的快速发展为优化政务服务供给方式、提升政务服务供给效率不断赋能,信息技术为跨部门、跨层级、跨界别数据共享与信息沟通提供了渠道,增强了政务服务业务之间的联结性和关联度,推动了组织结构扁平化与政府运作协同性,增进了政务服务的透明度、规范性和整合度,为激励政府组织将专业知识融入共同任务、激活政务服务流程再造,进而实现持续改善政务服务的共同目标提供了创新思路和治理工具。整体性政

---

① 参见谢庆奎:《中国政府的府际关系研究》,《北京大学学报(哲学社会科学版)》2001年第1期。

如何建设数字政府
——"一网通办""一网统管"的上海实践

府强调数字化行政过程的嵌入[①],后者也是不少国家数字政府和智慧政府建设的基础。一些学者认为,政务服务"一网通办"、城市运行"一网统管"是上海市智慧政府建设的重要内容,数字治理对政务服务的嵌入,能够实现服务重组、决策协同与政务服务数据化。

整体政府建设高度依赖数字时代信息技术发展的支持,主张以网络为依托构建整体性电子政府,实现政务公开与在线治理。总体上看,上海市政务服务"一网通办"、城市运行"一网统管"是在新一代信息技术快速迭代、信息社会深度发展的背景下,以"改革开放排头兵,创新发展先行者"的奋斗姿态,以"互联网+政务服务"为突破,建设便民、高效、有温度智慧政府的重要抓手。政务服务"一网通办"、城市运行"一网统管"也顺应了全球政府治理现代化与智慧政府建设的发展趋势,海量的应用场景还能够为全球智慧政府建设提供独特样本。

可以看出,政务服务"一网通办"、城市运行"一网统管"与整体性政府理论相契合。整体性政府理论的价值追求贯穿政务服务"一网通办"、城市运行"一网统管"始终,通过政务服务协调整合减少碎片化带来的问题;整体性政府的理论成果与实践探索为进一步明确政务服务"一网通办"和城市运行"一网统管"的发展方向与实施策略提供了借鉴。例如,整体性政府理论强调从组织结构、工作机制和文化理念等方面进行根本性变革[②],具体措施包括重塑组织结构、制定评价标准、再造运作流程和改进信息系统等[③],现阶段政务服务"一网通办"、城市运行"一网统管"在这

---

① 参见韩兆柱、杨洋:《新公共管理、无缝隙政府和整体性治理的范式比较》,《学习论坛》2012年第12期。

② 参见王佃利、吕俊平:《整体性政府与大部门体制:行政改革的理念辨析》,《中国行政管理》2010年第1期。

③ 参见崔运武、李玫:《论我国地方政府"放管服"改革的挑战与应对——基于政策有效执行和整体性治理的分析》,《湘潭大学学报(哲学社会科学版)》2019年第2期。

第一章　数字政府的"两个面向":"一网通办""一网统管"

些方面推进的广度和深度仍有待进一步提升。

三、智慧型政府理论

数字化为智慧化提供了可能的路径,是智慧化的前提;智慧化是数字化的高阶表现,是数字化的发展指向。智慧型政府理论为数字政府研究提供了借鉴。

(一)智慧政府的基本内涵

"智慧政府"(Smart Government)一词产生于20世纪末。理解智慧政府的概念,首先要理解"智慧"的概念。根据阿科夫等人的观点,智慧是建立在数据、信息、知识和智能基础上的更高层次的认知表现。[1]其中,数据是对象和事实的不相关的且未经加工的数字和符号;信息是经过筛选和整理分析后的系统化和组织化的资料,是有目的性、关联性、有用并且能够加以传递的数据[2];知识是基于信息和经验所形成的能够指导人的行为的特殊信息[3];智能是"智商"和"能力"的统称,是指人们认识和理解客观事物,并运用知识和经验解决问题的能力[4];智慧是个体对事物的认识、辨析、判断、处理和发明创造的能力,是个体融合情商来运用一切有用知

---

[1] 参见于跃:《智慧政府的生成与演进逻辑》,《电子政务》2019年第7期。

[2] 参见邱国栋、王易:《"数据—智慧"决策模型:基于大数据的理论构建研究》,《中国软科学》2018年第12期;王理:《信息素养》,科学出版社2010年版,第25页;钟佳桂:《信息资源管理》,中国人民大学出版社2008年版,第11页。

[3] 参见马费成、宋恩梅:《信息管理学基础》,武汉大学出版社2011年版,第11页;冷伏海主编:《信息组织概论》,科学出版社2003年版,第45页。

[4] 参见于跃、王庆华:《从智能政府到智慧政府:价值与追求》,《上海行政学院学报》2019年第2期。

识的能力和素养。[①] 在数据向智慧逐级演进的不同阶段，对政府的要求是截然不同的。其中，数据层次向信息层次的过渡，依赖数据管理来实现；信息层次向知识层次的过渡，依赖信息管理来实现；知识层次向智能层次的过渡，依赖知识管理来实现[②]；而智能层次向智慧层次的过渡，依赖智慧治理来实现。

国内外学者对智慧政府的定义有所差异，尚未形成具有共识性、一致性的并被普遍认可采用的定义。国内学者认为，智慧政府是"以公众需求为导向，深度运用大数据、云计算、物联网等信息技术对现有治理资源进行优化重组，政府组织结构以及运行流程持续改进，为公民提供无缝隙、智能化、个性化公共服务的政府治理模式"[③]；是"以人文关怀为追求，以公众需求为导向，以'以人为本'为核心，以信息技术为支撑，在使政府具备高度智能的同时，也具有更多智慧，以显著提升政府治理能力，使政府成为超越公众期望的更好的政府"[④]；是"通过将政府服务与智能IT技术整合，使公民能够随时随地利用任何设备方便地获取政府服务、参与政府活动并与政府交流的新型政府"[⑤]。国外学者更加强调智慧政府在公共价值关怀、问题解决能力与创新治理活动等方面的独特性，认为智慧政府利用信息和通信技术，实现政府单层级（城市、州和联邦）或跨层级（跨州和

[①] 参见尚新建：《谈谈"智慧"》，《北京大学学报（哲学社会科学版）》2012年第5期；左亚文、张恒赫：《哲学智慧的智慧追问》，《湖北社会科学》2014年第1期。

[②] 参见于跃：《智慧政府的生成与演进逻辑》，《电子政务》2019年第7期。

[③] 参见周盛：《走向智慧政府：信息技术与权力结构的互动机制研究——以浙江省"四张清单一张网"改革为例》，《浙江社会科学》2017年第3期。

[④] 参见于跃：《智慧政府的生成与演进逻辑》，《电子政务》2019年第7期。

[⑤] 王舒月：《由韩国"智慧政府实施计划"看中国电子政务的发展》，《图书情报工作网刊》2012年第12期。

地方政府）的一体化管理，并创造出可持续的公共价值①；智慧政府使政府能够理解市民、居民和访客等不同群体表达或没有表达的需求，设计并提供有效解决方案来处理这些需求的能力；智慧政府使政府在新兴信息技术发展的环境下开展创造性投资并实施创新性战略，从而实现更加灵活和有弹性的政府治理活动。②M.P.R.Bolivar 等建立了一个智慧政府分析研究模型，认为其含义可以从主要内容、所需要的技术支持、管理支持，以及最终目标四个方面去分析。③

尽管学术界对智慧政府定义在表述上各有侧重，但仍有共性特征。与传统电子政府相比，智慧政府具有即时感知、高效运行、科学决策、主动服务、智能监管、开放协同和韧性兼容的特征。④总体上看，智慧政府相比于以往任何形式的电子政府，更加关注诸如责任性、回应性、透明性、灵活性、弹性、参与性、交互性、亲民性、人性化、伦理和公共价值等关键词，更加强调人、突出人和体现人的参与、贡献、需求和作用。⑤

（二）智慧政府的发展演进历程

智慧政府是电子政府发展的高级阶段，是各国深入推进政府治理现代化的新方向。2011 年 3 月，韩国政府提出"智慧政府实施计划"。2011 年

---

① 参见张锐昕：《电子政府概念的演进：从虚拟政府到智慧政府》，《上海行政学院学报》2016 年第 6 期。

② 参见于跃、王庆华：《从智能政府到智慧政府：价值与追求》，《上海行政学院学报》2019 年第 2 期。

③ 参见尚珊珊、杜娟：《大数据背景下智慧政府功能建设分析及路径设计》，《情报理论与实践》2019 年第 4 期。

④ 参见吕小刚、王庆福：《韩国"智慧政府实施计划"对我国智慧政府发展的启示》，《信息化建设》2016 年第 1 期。

⑤ 参见于跃、王庆华：《从智能政府到智慧政府：价值与追求》，《上海行政学院学报》2019 年第 2 期。

11月，美国加利福尼亚州提出智慧政府建设框架，以提高政府服务的绩效及服务能力。2014年3月，新加坡政府公布"智慧国家2025"的10年计划，提出构建"智慧国"平台，将智慧政府作为重要目标之一。

从表1—2中智慧政府建设的一些国家方案来看，智慧政府建设强调技术深度应用与公民深度参与的高度协同，既通过信息充分共享和政府高度开放来提升政府决策科学性并更好满足公众需要，又通过强化信息安全维护、网络监管、职责道德建设和有效的问责制度来规范智慧政府建设中各类主体的行为。

表1—2 智慧政府建设的各国方案[①]

国家	时间	方案名称	主要目的
美国	1994年12月	《政府信息技术服务的远景》（A Vision for Government Information Technology）	建立以顾客为导向的电子政府，丰富公众获得政府服务的机会与途径
美国	2002年12月	《电子政府法案》（E-Government Act）	确保互联网和计算机资源广泛应用于公共服务供给
英国	1999年3月	《现代化政府》（Modernizing Government）白皮书	以提供更优质的公共服务作为电子政府的发展追求
英国	2012年11月	《英国政府数字战略》（UK Government Digital Strategy）	将政府各部门服务统一到一个网站，确定了在线服务标准，明确在线服务必须简单便捷

---

① 参见于跃、王庆华：《从智能政府到智慧政府：价值与追求》，《上海行政学院学报》2019年第2期；范东升、周弯、刘洁：《力保数字化发展前沿地位，创新列为枫叶之国核心价值——加拿大互联网发展和治理研究报告》，《网络空间研究》2016年第8期。

第一章 数字政府的"两个面向":"一网通办""一网统管"

续表

国家	时间	方案名称	主要目的
英国	2016年11月	《国家网络安全战略2016—2021》(National Cyber Security Strategy 2016—2021)	防范网络攻击,维护英国经济和公民信息安全
	2017年2月	《政府转型战略2017—2020》(Government Transformation Strategy 2017—2020)	着力于政府各部门间的数据共享、提高公务员的数字技能、完善税务和护照申请等网络服务
	2017年3月	《英国数字化战略2017》(UK Digital Strategy 2017)	推出了推动英国数字经济发展的具体计划
加拿大	2008年7月	《行政长官游说》(Commissioner of Lobbying)	确保公职人员游说的透明度并完善问责制,提高公众对政府决策诚信的信心
	2011年3月	《开放政府倡议》(Open Government Initiative)	在公开信息、开放数据和公开对话三方面主动开放政府,实现政府部门公共信息和数据的开放共享和公民参与
	2012年4月	《现代化的价值观和道德准则》(Values and Ethics Code for the Public Sector)	增强公职人员的价值观和道德准则
	2013年4月	《加拿大开放政府行动方案2014—2016》(Canada's Action Plan on Open Government 2014—2016)	扩大政府公开活动
	2014年4月	《数字加拿大150》(Digital Canada 150)	提出加拿大数字化进程,须完成包括网络普及、网络保护、数字经济、数字政府以及数字文化等"五大支柱"

续表

国家	时间	方案名称	主要目的
德国	2014年8月	《数字议程（2014—2017）》（Digital Agenda 2014—2017）	以数字化创新驱动经济社会发展，使德国成为具有国际竞争力的"数字强国"
	2016年3月	《数字战略2025》（Digital Strategy 2025）	将德国建设成为最现代化的工业国家
日本	2009年6月	i-Japan战略	使公民在需要时公平、容易和安全地获得和使用必要信息
韩国	2011年3月	《智慧政府实施计划》（Smart Government Implementation Plan）	继续强化信息公开，增强网络监管，杜绝数据造假，使政府信息与服务承载更多的附加价值，使全社会共同步入智慧时代
新加坡	2006年6月	《智慧国2015》（Intelligent Nation 2015）	建设与完善网络设施，扩大无线网络铺设与覆盖范围，加强智能电网、智能照明和智能水网等基础设施建设
	2014年8月	《智慧国2025》（Smart Nation 2025）	倡导连接（Connect）、聚集（Collect）和理解（Comprehend），鼓励政府、企业和公民在数字经济中实现共同繁荣
	2018年6月	《数字政府蓝图》（Digital Government Blueprint）	提供广泛的技术访问，提升数字素养，鼓励每个人在加强政府数字成熟度方面的作用，确保每个人都体验到技术优势

续表

国家	时间	方案名称	主要目的
西班牙	2015年3月	《智慧城市2020》（Smart City 2020）	服务经济发展，最大限度发挥公共政策对信息通信技术的影响
迪拜	2017年4月	《智慧迪拜2021》（Smart Dubai 2021）	政府与私营部门合作提供智能服务，让居民和游客感受无缝隙、安全、高效和个性化的城市体验

韩国在联合国电子政务指数排名中始终处于领先位置，并且韩国的数字政府建设还被认为是可借鉴的成功模式。下面以韩国为例，梳理其从电子政府到智慧政府的发展历程。

1986年到1996年是韩国电子政府的准备阶段。1986年韩国制定了《普及和促进利用网络法》。从1987年起，韩国政府开始推进实施行政电算网计划。1996年电子政务加速发展，基本实现了政府各行政系统电子化网络化的目标。2002年建立了"一站式"的电子政府门户，当时54种行政服务、270多项便民服务都可在线提供。2008年提出电子政府总体规划，以整合电子政务系统，提供无缝的公共服务为目标全面推进政府信息化。2011年启动"智慧政府"建设，目标在2015年建成智慧政府。从大环境来看，随着云计算、Web 2.0/3.0、移动智能等技术崛起，韩国政府面临着发展不平衡、出生率降低、人口老龄化、个性化的服务需求、社会安全等诸多社会问题，这使韩国政府需要一个更加灵活的电子政府策略来应对社会环境的变化。为此，韩国政府提出了建设智慧政府的目标。可以看出，韩国智慧政府是基于电子政务升级的需要及韩国的社会环境，从更好地利用智能化技术，突出服务公民的角度来考量的。概括而言，韩国智慧政府的演进历程大致经历了电子化的传统的数字政府阶段，以办公自动化网络化为重点

如何建设数字政府
——"一网通办""一网统管"的上海实践

的电子政务阶段,引入移动服务的移动政务阶段和以数字化、智能化、个性化等为特征的智慧政府阶段。

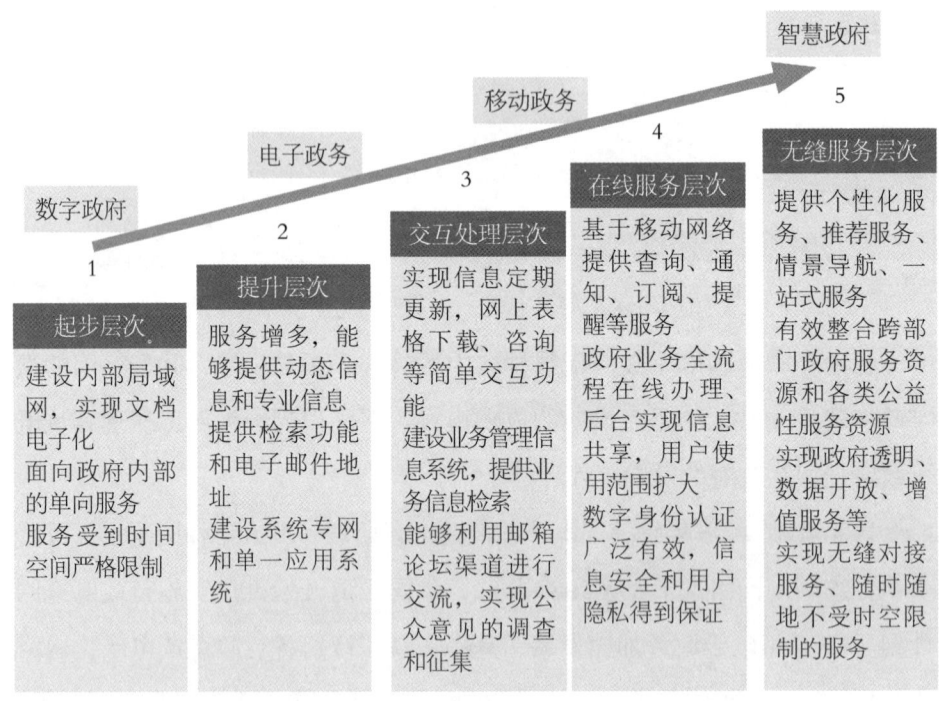

1 数字政府 — 起步层次
建设内部局域网,实现文档电子化
面向政府内部的单向服务
服务受到时间空间严格限制

2 电子政务 — 提升层次
服务增多,能够提供动态信息和专业信息
提供检索功能和电子邮件地址
建设系统专网和单一应用系统

3 — 交互处理层次
实现信息定期更新,网上表格下载、咨询等简单交互功能
建设业务管理信息系统,提供业务信息检索
能够利用邮箱论坛渠道进行交流,实现公众意见的调查和征集

4 移动政务 — 在线服务层次
基于移动网络提供查询、通知、订阅、提醒等服务
政府业务全流程在线办理、后台实现信息共享,用户使用范围扩大
数字身份认证广泛有效,信息安全和用户隐私得到保证

5 智慧政府 — 无缝服务层次
提供个性化服务、推荐服务、情景导航、一站式服务
有效整合跨部门政府服务资源和各类公益性服务资源
实现政府透明、数据开放、增值服务等
实现无缝对接服务、随时随地不受时空限制的服务

图 1—1 国内外政府信息化的发展演进历程[1]

国内外"智慧政府"的演进有两条主线,一是信息技术发展与应用,二是政府行政体制改革。对于智慧政府来说,智慧化水平的实现与政府体制改革互为支撑、相互交织,形成 1+1>2 的态势。正如电子政务的核心是政务而非电子,智慧政府的核心是政府而非智慧一样,智慧政府的含义可以从两个维度理解,一种是与社会发展相适应的现代化政府治理模式,其核心是建设效能政府、整体政府、服务型政府、开放政府;另一种是政府

---

[1] 参见张建光、朱建明、尚进:《国内外智慧政府研究现状与发展趋势综述》,《电子政务》2015 年第 8 期。

第一章 数字政府的"两个面向":"一网通办""一网统管"

信息化发展范式,其目标是建设透明政府、电子政府、数字政府、智能政府。

中国电子政务建设始于 20 世纪 80 年代中期,大致经历了"办公自动化"的单机应用阶段、"政府上网"及能力建设的全面推进阶段和"应用主导"阶段三大发展阶段。现在中国电子政务已处于全球中等偏上水平。这与近年来推进"互联网+政务服务"、完善在线服务、发展大数据战略、数据开放等各方面的努力密不可分。

在党中央高度重视新技术新思维对政府创新发展推动力的背景下,各地政府加快自身改革,如推行"阳光政府"、效能政府、政务公开、数据开放、组织结构改革、"放管服"改革等。与此同时,不少省市纷纷运用新技术开展智慧城市、"天眼"综合防控系统、城市大脑、云上政府、电子证照、"最多跑一次"、"零见面审批"、"一网通办"等改革。这些创新性的地方实践,为推动我国智慧政府建设提供了新的路径。

2014 年 8 月,经国务院同意,《关于促进智慧城市健康发展的指导意见》(以下简称《意见》)正式印发,这也是我国智慧城市建设的第一份系统性文件。《意见》提出了公共服务便捷化、城市管理精细化、生活环境宜居化、基础设施智能化和网络安全长效化的建设目标,明确了有效提高城市综合承载能力和居民幸福感受的行动方向。党的十九大报告进一步提出"智慧社会"概念。一些学者指出智慧社会具有需求多样化、组织网络化、社会扁平化、信息透明化和资源社会化等方面的特征,存在高度关联性、复杂性、模糊性、不确定性和不稳定性等挑战。[①] 党的二十大报告指出:"坚持人民城市人民建、人民城市为人民,提高城市规划、建设、治理水平,加快转变超大特大城市发展方式,实施城市更新行动,加强城市基础设施建

---

① 参见傅昌波:《全面推进智慧治理 开创善治新时代》,《国家行政学院学报》2018 年第 2 期。

设，打造宜居、韧性、智慧城市。"①只有智慧治理才能有效应对这些挑战，更好地推进智慧城市和智慧社会建设目标的实现；智慧政府是智慧治理的主导力量，建设智慧政府，对于推动国家治理体系与治理能力现代化意义重大。"一网通办""一网统管"是推进智慧政府建设的重要抓手，是开启智慧政府建设的"金钥匙"。

（三）"一网通办""一网统管"与智慧型政府理论之间有契合性

智慧政府强调建立以用户为中心、以问题为导向，提供全方位、一体化、个性化和精细化的服务并建立惠及所有人的泛在、无缝、透明的回应性政府。②在政府治理理念变革上，"一网通办""一网统管"较好地突出了以企业和民众为中心的智慧政府治理理念，具体表现在三个方面。

第一，从被动管理向主动解决问题和回应需求的现代治理转变。智慧政府强调政府的责任性和回应性，强调政府不能被动等待问题发生后再进行处理，或是等负面效果出现后再对决策内容和执行行为进行调整。否则，不仅会消耗大量的行政资源，还会减损政府的公信力。智慧政府强调主动发现问题并尽早、尽细提出问题解决方案，以更经济、更节约的方式持续增进社会福利；对于社会反映普遍或是公众需求旺盛的事项，政府有责任不断进行自我优化和调整，及时、有效且最大限度地满足公众的合理需求。政务服务"一网通办"、城市运行"一网统管"从市级政府层面率先跨前一步、主动服务并且以上率下，充分体现了上海市各级政府在提升

---

① 习近平：《高举中国特色社会主义伟大旗帜　为全面建设社会主义现代化国家而团结奋斗——在中国共产党第二十次全国代表大会上的报告》，人民出版社2022年版，第32页。

② 参见张建光、朱建明、尚进：《国内外智慧政府研究现状与发展趋势综述》，《电子政务》2015年第8期；张锐昕：《电子政府概念的演进：从虚拟政府到智慧政府》，《上海行政学院学报》2016年第6期。

第一章　数字政府的"两个面向":"一网通办""一网统管"

责任性和回应性方面的努力。

第二,从单一治理主体向政府、企业和公众多元主体共治转变。智慧政府的智慧是群体智慧而非个体智慧。这种群体智慧是指来自业务关联的政府层级、政府部门甚至是不同地域的集体智慧,也指来自政府、企业和公众等跨界别主体的协同智慧。智慧政府是有"情商"的政府,这种"情商"既表现在如何从部门利益的掣肘中升华出来,站在整体性政府的立场上对外提供公共服务的方面,又表现在如何以更开放的姿态拓展企业和公众向政府反馈问题和表达诉求的渠道,听取不同企业和公众的不同声音,站在服务接受者的立场上不断优化公共服务供给的方式和质量。政府服务对象才是智慧政府建设成效的最终评判者,智慧政府建设中的许多方面都需要在企业和民众的参与下完成,因此,智慧政府建设必须依靠政府、企业和民众等多元主体的协同共治才能实现。政务服务"一网通办"、城市运行"一网统管"在顶层设计上邀请大量专家学者和业内人士进行科学论证,在技术开发上注重发挥市场上成熟团队的专业优势,在流程再造、业务内容调整和窗口设置上,不断听取各类企业和办事人员的感受并加以优化完善。

第三,从无差别的公共产品供给到满足人的个性化需求的转变。随着经济社会的快速发展,人们的需求层次和需求水平快速提升,对政府治理能力和水平的要求也越来越高。政府职能也相应地发生变化,尤其是政府公共服务职能的内涵更加丰富,外延持续拓展,目的是更好解决人民日益增长的美好生活需要和不平衡不充分的发展之间的矛盾。智慧政府不再沿用传统粗放式、一刀切、运动式的机械化作业模式,而是致力于追求更加精细化、个性化和常态化的服务供给方式,为企业和公众提供更受欢迎的公共服务。上海政务服务"一网通办"在个性化需求满足方面进行了诸多探索,如开辟了PC端、移动端、多网点自助办理机和行政服务中心实体窗口等多种办事渠道,办事人员可以根据实际需要和使用习惯,自主选择

33

办事地点和办事渠道；开辟了24小时服务功能，可以满足不同办事人员对办事时间的差异化要求等。城市运行"一网统管"也探索了多种应用场景。未来，智慧政府建设还将探索更多的个性化应用场景。

四、"一网通办""一网统管"改革的基本分析研究框架

对"一网通办""一网统管"进行研究，需要形成特定的分析框架。这个分析框架既要体现"互联网＋政务服务""互联网＋治理"的特点，也要凸显改革自身打造和建设路径上的特征。

（一）规范性、标准化与满意度、获得感：改革的供给侧与需求侧尺度

从词源意义上来说，"互联网＋政务服务""互联网＋治理"是具有偏正结构特征的词，政务服务和治理是根本和本质；"互联网＋"是形式和特征，为政务服务和治理注入了新活力和新动力，提供了新路径和新方式。换言之，"互联网＋政务服务"和"互联网＋治理"不仅仅意味着提供线上政务服务和城市治理这一方式，还强调在线下提供服务和治理的同时增加线上办理和治理的新路径，是线上线下融合的一张大网。

基于此，对"互联网＋政务服务"和"互联网＋治理"水平的分析，既要考察线上办理深度和水平，也要考核线下提供服务和治理的能力和水平，还要评估线上和线下办事和治理的融合程度和便利程度。其中，线下政务服务和治理是线上政务服务和治理的基础；线上政务服务和治理为线下政务服务和治理赋能增能，是趋势；线上线下联动融合为民众办理事项提供更多的选择和进行治理，是关键。

从上海市"一网通办""一网统管"改革情况来看，可以从供给侧和需求侧两个方面构建评估指标。在供给侧方面，着重分析和考察政府提供政

务服务和进行治理的能力，这是评估"互联网＋政务服务""互联网＋治理"状态和水平的出发点和着力点。在需求侧方面，着重考察办事民众对政务服务和城市治理的需求，主要分析政府提供政务服务和城市治理后民众的满意度和获得感，这是评估"互联网＋政务服务""互联网＋治理"状态和水平的落脚点和根本点。

提升规范性和标准化水平是做好"互联网＋政务服务""互联网＋治理"的前提和基础，是评估"互联网＋政务服务""互联网＋治理"的切入点和着力点。更好地提供政务服务需要有统一的标准，以实现同一事项在不同地区和不同窗口办理共享同样的标准，同时通过规范化将统一标准固定下来。在一定意义上，"互联网＋政务服务"只有更好地做到标准化和规范化才能更好地实现"互联网化"，标准化和规范化为"高效办成一件事"和"高效处置一件事"提供了可能性。

只有不断提高规范性和标准化水平，才能做到"互联网化"，为获取政务服务像"网购"一样方便提供可能。规范性和标准化要求对原有的政务服务和治理流程进行梳理，清理和规范不需要的政府许可，规范行政部门的自由裁量权，推动政务服务和治理流程的标准化。这体现了政务服务和城市治理流程的革命性再造。

（二）制度、平台、数据、流程："一网通办""一网统管"分析的主要向度

考察和分析"一网通办""一网统管"改革，需要找到一些支柱性要素，形成研究基础和基本框架。对"互联网＋政务服务""互联网＋治理"进行分析和考察需要找到一些共性的切入点。经过对比分析，可以发现，制度、平台、数据和流程构成了主要支柱性要素，也形成了开展"一网通办""一网统管"分析和研究的基本框架。

制度是根本。"一网通办""一网统管"改革作为政务服务创新需要有制度方面的支撑和支持。制度为改革提供确定性，是决定改革成效的根本；制度也为改革明晰了方向，有很强的指引性。

平台是基础。"一网通办""一网统管"改革需要建立统一的平台。这里的平台既有 PC 端的平台，也有手机端的平台，要重点分析和考察平台的整合度以及平台的友好性。

数据是核心。"一网通办""一网统管"改革是数字政府建设的重要方面。数据治理状况、数据共享程度对改革的深度和广度有重要的影响，换言之，数据状况构成了分析和研究"两张网"改革的核心。

流程是关键。"一网通办""一网统管"改革根本上不仅是信息化改革，也是政务服务流程的革命性再造。这里的线下政务服务流程不是线下服务流程的简单照搬，而是革命性再造。政务服务流程以人民为中心进行革命性再造是分析和研究"两张网"改革的关键。

从上面分析可以看出，推进"一网通办""一网统管"改革研究，制度是根本，平台、数据、流程共同构成了开展研究的主要分析向度。

第二章
「高效办成一件事」:「一网通办」改革探索

第二章 "高效办成一件事":"一网通办"改革探索

2018年3月,上海市在"互联网+政务服务"领域进行改革创新探索,创造性推出"一网通办"改革。通过建章立制、成立机构、构建平台等一系列举措促进公共管理和政务服务的整合。"一网通办"改革践行以人民为中心的发展思想,重视"进一网、能通办",强调从便利自然人和法人"高效办成一件事"的角度出发梳理政务服务流程,提供线上线下政务服务协同办理路径,努力达到获得政务服务"像网购一样方便"的目标。

2018年以来,上海市每年在"一网通办"领域分别提出不同的阶段性目标,不断推进改革。具体而言,2018年是"一网通办"创建年,上海市设立和成立大数据中心,上线运行"一网通办"总门户,初步构建了"一网通办"改革的制度体系;2019年是"一网通办"攻坚年,上海市委、市政府明确提出要实现"双减半"(行政审批事项办理时限减少一半、提交材料减少一半)、"双100"(新增100项业务流程优化再造事项、新增100项高频个人事项全市通办)的目标,并且建立"好差评"制度,强化数据归集;2020年是"一网通办"提升年,上海市提出了"两个免予提交"的目标,即上海市政府部门核发的材料原则上一律免予提交,能够提供电子证照的原则上一律免予提交实体证照,强化数据归集基础上的数据治理;2021年是"一网通办"拓展年,重视提高政务服务事项的覆盖面和覆盖度,强调数据应用;2022年是"一网通办"用户体验年,重视提升自然人和法人获取政务服务过程中的体验度和获得感。

经过多年的建设和发展,"一网通办"民众的感受度和体验度不断提升。"一网通办"作为优化营商环境的重要举措,取得了很好的成效。上海"一网通办"改革在全国"互联网+政务服务"排名中处于领先位置。同时,"一网通办"也开始走出上海,产生全国性影响,成为"互联网+政务服务"领域的一张金字招牌。

从"一网通办"改革实践来看，到2022年6月，"一网通办"累计实名注册个人用户超过6765万，为上海市常住人口的2.71倍，企业用户超过267万。"随申办"App月活峰值达1891万，占上海常住人口的75%。2021年日均办件量超过28万，年度网办率达77.03%。到2022年6月，累计办件量达2.26亿，接入事项3500项，涵盖超3.5万项业务办理项，基本实现与企业和群众生产生活密切相关的服务全覆盖。[①]同时，提供线上线下渠道互补、标准一致、线下兜底的服务，消除"数字鸿沟"。

2020年5月，在国务院办公厅电子政务办公室公布的省级政府和重点城市网上政务服务能力调查评估报告中，上海位列省级政府第2位。2020年7月10日，联合国发布《2020联合国电子政务调查报告》，上海在"地方在线服务指数"排名中位列全球各大城市第9位，"一网通办"被作为经典案例加以介绍。2021年，受国务院办公厅委托，中共中央党校（国家行政学院）发布《省级政府和重点城市一体化政务服务能力调查评估（2021）》，上海在省级政府中名列全国第一（与浙江省、广东省并列）。总体而言，"一网通办"取得了实实在在的改革成效。

第一节 "进一网"：形塑"一网通办"改革推进主体 构建整合的政务服务平台

一、形成专门的"一网通办"改革推进主体

2018年9月26日，为促进上海市公共数据整合应用，推进"一网通

[①] 参见刘士安、李泓冰、姜泓冰等：《加快建设具有世界影响力的社会主义现代化国际大都市（沿着总书记的足迹·上海篇）》，《人民日报》2022年6月25日。

办"建设，提升政府治理能力和公共服务水平，上海市通过了《上海市公共数据和一网通办管理办法》（以下简称《办法》）。《办法》明确规定，市政府办公厅是上海市公共数据和电子政务工作的主管部门，负责统筹规划、协调推进、指导监督上海市公共数据和"一网通办"工作。由市政府办公厅负责统筹推进"一网通办"体现了改革的综合性。与此同时，为了更好地推进"一网通办"改革，2018年上海市专门成立了大数据中心，具体承担本市公共数据归集、整合、共享、开放、应用管理，组织实施"一网通办"工作。[①]可以看出，市政府办公厅是"一网通办"改革的综合推进部门，专门成立的大数据中心是改革的数据支撑和技术支持部门，两个部门协同推进"一网通办"改革。

上海市大数据中心是为了更好地推进"一网通办"改革成立的新机构。从性质来看，上海市大数据中心并不仅仅是关于政府数据的大数据中心，还是覆盖和涵盖政府数据、社会数据、市场数据的大数据中心。换言之，大数据中心归集、整理、治理的数据不仅仅是政府数据，也包括社会数据和市场数据。大数据中心通过多方数据的归集和治理凸显大数据（Big Data）的特点和特征。从职能定位来看，大数据中心的职能包括基础职能、核心职能和协调职能三个方面。基础职能主要是摸清政务数据、政务信息系统、电子政务应用等方面的家底，建好台账，同时做规划、定标准、建制度，为"一网通办"改革提供基础保障；大数据中心的核心职能主要是聚焦数据整合和应用，大力推进在线服务平台、政务云、灾备中心等设施的建设；大数据中心的协调职能包括协调各区、各部门再造业务流程，协调各类审批服务事项上网，形成"一网通办"建设的合力。大数据中心的三方面职能都是紧紧围绕推进"一网通办"改革设定和安排的。

---

① 参见上海市人民政府：《上海市公共数据和一网通办管理办法》，https://www.Shanghai.gov.CN/NW43860/20200824/0001-43860_57203.html。

在"一网通办"推进过程中，改革设计者和推动者充分认识到，"一网通办"改革与信息化有着高度的关联，但改革绝不仅仅是信息化部门的事情，而是政务服务方面的全方位改革。"一网通办"改革过程中面对的问题表面在线上，实质在线下，根源在于政务服务流程的革命性再造，在于推动"放管服"改革和政府职能转变。推动"一网通办"改革非常重要的方面是推进政务服务运行体制和机制的转变，推动行政审批制度的改革。基于此，上海市紧紧抓住行政审批改革这个"牛鼻子"，凸显"一网通办"一体化推进政府职能转变、推动"放管服"改革的特点，整体推进"一网通办"改革。为了整体推进"一网通办"改革，上海市将原来隶属于机构编制部门的行政审批改革办公室划并入市政府办公厅，总体推进行政审批改革，促进政务服务流程的革命性再造。同时，在实际改革推进过程中，由上海市政府办公厅统筹行政审批改革，大数据中心负责技术层面改革，统筹协调、一体推进"一网通办"改革。

二、建立整合的 PC 端"一网通办"总门户和手机端统一的"随申办"App

上海市在明确改革推进主体的基础上，构建全流程一体化在线政务服务平台，具体包括 PC 端统一的总门户和手机端的统一的 App，为推进政务服务流程再造、提高政务服务水平提供基础。2018 年 10 月 17 日，上海"一网通办"总门户正式上线开通，标志着上海"一网通办"改革迈出关键性一步。2018 年 9 月 1 日，上海上线"随申办·市民云"App。它作为"互联网＋政务服务"手机端的统一入口，与总门户一起共同构成"一网通办"统一受理平台。

第二章 "高效办成一件事"："一网通办"改革探索

（一）打造 PC 端的"一网通办"总门户

通过构建全流程一体化在线服务平台——"一网通办"总门户，努力优化民众和企业办事的服务流程，推动各级政府政务服务工作的一体化运作。这里的全流程一体化在线服务平台既是总门户、总操作台，也是总数据库。总门户就是所有的网上政务服务都统一归集到平台上，努力做到"一门""一窗""一口"提供政务服务，使民众和企业办事由"找部门"统一为方便的"找政府"。具体包括线下和线上两个方面：线下，民众和企业不再需要为不同事项寻找不同政府部门；线上，民众和企业也不需要登录不同政府的网站获取各种政务服务。总操作台要求所有业务模块，包括各部门的业务系统都要接入其中，实现互联互通、无缝衔接，行政权力事项的审查、批准、服务、管理等环节都通过这个统一的平台来实现和完成，并且明确规定政府各个部门不能新建与平台没有互联互通的部门性系统。总数据库要求所有的政务数据以及相关的行业数据、社会数据都链接汇集到平台上，通过平台进行交换、共享和应用，实现数据的汇集和汇聚。

"一网通办"的基础是总门户（一体化在线服务平台）。这里的总门户是以规范统一的行政权力清单为基础的。换言之，行政权力事项是搭建总门户的"纲"，只有行政权力和行政服务事项规范、统一，才能以此为基础搭建总门户。2018 年 4 月开始，上海市对全市行政部门的权力清单进行梳理，强调将统一和规范作为权力清单最重要、最鲜明的特征。在权力清单梳理过程中，明确行政权力事项的实体性部分由市级政府部门填写，具体包括名称、代码、法律依据等方面，强调统一性；行政权力事项的程序性部分由区级政府部门填写，包括窗口电话、服务方式等方面，体现差异性。通过梳理和形成统一、规范的行政权力清单，为搭建总门户提供基础。可以看出，权力清单是"一网通办"总门户的基础和支撑；"一网通办"是静态性政府权力清单的动态化、流程化指向。

（二）构建统一的手机端"随申办"App，为"掌上办""指尖办"提供支撑

"一网通办"坚持方便群众和企业办事的理念，在上线总门户的基础上，又依托"市民云"App推出了作为统一受理平台重要组成部分的移动端，并于2018年9月1日上线。2019年2月1日，这个App被命名为"随申办·市民云"。"随申办"中的"申"，是"申城"的"申"，代指上海。"随申办"取"随身办"的谐音，寓意用户只需要掏出手机，就能随时随地办理各类政务服务事项，更加突出移动端服务的理念，适应时代发展的要求。

"随申办·市民云"App是上海所有政务部门公共服务的"一号通行"，构建了面向个人和法人办事的指南查询、在线预约、亮证扫码、进度查询、服务找茬等五大功能。政务服务事项涉及交通出行、劳动就业、企业开办等多个公众关注度高的重点领域，实现了政务服务事项办事预约的全覆盖。用户可以通过手机查到所有行政权力的办事指南、轻松完成办事预约、随时可以查看办事状态。"随申办"App还开发了"电子亮证"功能模块，明确规定电子亮证的效力相当于出示实体证照。这一模块汇聚了包括身份证、结婚证、居住证、营业执照、出生医学证明在内的电子证照，为市民和企业办事免交材料提供了有力支撑。"随申办·市民云"App还可以查询和订阅三金、生活账单以及纳税情况，甚至还可以去线上申请办理公安局车管所领免检标志、办理出入境手续或到公立医院预约挂号等。未来，"随申办·市民云"App的功能会不断拓展和完善，实现"一网通办"更多政务服务的"掌上办""指尖办"。同时，"随申办·市民云"App还将变得越来越"聪明"，通过数据对用户进行"画像"，能够针对不同人的不同需求生成不同的服务界面，为不同的人提供更加精准的服务，形成个性化的"一人一档"和"一企一档"。

（三）不断深化办事深度，拓展应用场景，满足办事主体的差异化需求

"一网通办"统一受理平台功能不断完善，办事深度不断深化，应用场景更加丰富。比如，"一网通办"总门户在首页"政务服务""热门服务"中专门设置了"高新技术企业认定"入口，公开了高新技术企业认定的基本信息、受理条件、申请材料、办理地点、设定依据、办理流程、办理方式、审批证件、审批收费、权利义务、咨询投诉和常见问题，认定手续更加清晰透明，办理过程也更加方便。"随申办·市民云"App 的服务功能日益丰富，涵盖婚育婴幼、文化教育、旅游休闲、社会保障、劳动就业、交通出行、医疗卫生、政府办事、生活服务、法律服务、助老养老、社区生活等生活化场景，以及企业设立、企业资格、企业许可和企业办事等便企惠企服务场景。

第二节 "能通办"：形成"一梁四柱"的"一网通办"运行体系 推动数据共享和流程再造

一、形成"一梁四柱"的"一网通办"运行体系，努力做到提供政务服务"线上有速度、线下有温度"

上海市着力建设"一梁四柱"的"一网通办"运行体系，打造线上"一网"、线下"一窗"，努力做到线上有"速度"、线下有"温度"，建设"一网通办"的支撑系统。

（一）"线上"形成"一梁四柱"架构

"一梁"即"一网通办"统一受理平台，包括 PC 端"一网通办"总门户与移动端"随申办·市民云"App，实现"一次登录"与"一号通行"。

如何建设数字政府
——"一网通办""一网统管"的上海实践

"四柱"主要指实现了"四个统一",即统一身份认证、统一总客服、统一物流快递和统一公共支付。统一身份认证,建成上海市统一的多源身份认证体系,实名认证用户分为低、中、高三个等级,并赋予不同身份认证用户不同的网上办事权限。统一总客服,将"12345"市民服务热线作为"一网通办"的总客服,为各类政务咨询、投诉和建议提供托底服务。统一公共支付,依托上海市公共支付平台实现与支付宝、微信和银联三家支付机构的合作,满足市民扫码支付、网上支付和快捷支付等不同支付习惯和需求;证件费、考试费、工本费、诉讼费、停车费和交通罚款等几十个事项,都可以进行线上统一支付。统一物流快递,与邮政 EMS 签约合作,将政务服务"送货上门",减少办事主体跑动次数。此外,上海还投入了一批"一网通办"线上"店小二",帮助企业和民众做好办事前的准备工作,让企业"敢下单",不会"下错单"。到 2021 年底,共接入政府部门 59 个,接入事项 3141 项,注册用户数超过 2000 万,办件总量超 1.12 亿件,日均办件量达到 12.5 万件。

(二)"线下"加快推进综合窗口改革,解决以往业务专窗"冷热不均"问题

线上的整合需要以线下的改革为支撑,线下不断推进综合窗口改革。比如,上海市徐汇区行政服务中心将原来涉及 20 多个职能部门的 83 个部门专窗压缩为 18 个综合窗口,真正实现"无差别"受理,让企业群众"跑一个窗、办所有事",窗口收件准确率达 90%,当场办结事项占全部办件量的 75%,现场排队等候时间减少了 1/3,群众满意度高达 99.6%,获评中国"互联网+政务"50 强优秀案例。[①] 上海市杨浦区行政服务中心开办企

[①] 参见《全面推进"一网通办"线上线下"零差别受理"》,上海市发展和改革委员会网站 2020 年 3 月 3 日,https://fgw.sh.gov.cn/xh/20200303/0025-40709.html。

业"一窗通"服务专区实现了开办企业大礼包一次领取，还设立了自助申报区，为企业提供"一窗通"网上申报、企业信息公示等多项在线服务。宝山区顾村派出所在"综合窗口"改革中，将原有的8个工位整合为4个综合办事工位，7名民警从原来只办理户籍业务到熟悉出入境、交通和户籍等近50项业务。[①]

线下综合窗口改革是以政务服务流程再造为基础的。这就需要做到政务服务和行政审批的集中，即前文所述的将原来分散在各个处室的行政审批事项和权限集中到一个部门，将行政审批部门集中到行政服务中心，将行政审批权限集中到服务窗口。改革推进过程中涉及各个部门的利益，可以说是政府管理和政务服务理念上的根本性变革。

二、推进共享数据，提升数据分享和后台支撑能力

上海市确立"以共享为常态，不共享为例外"的数据共享原则，强化数据共享，构建市区两级"1+16"（市级1个，16个区各1个）架构的电子政务云，提供集约化服务；成立公共数据标准化技术委员会，通过标准引领，带动公共数据规范采集、全程治理；探索建立上海公共数据安全整体保护体系框架，编制数据安全方面的相关管理制度。

（一）按照"应用场景授权""关联和最小够用"的思路，建立数据共享"三清单一目录"

政务服务部门提出公共数据共享需求清单，相关责任单位形成公共数据

---

① 参见何易：《派出所"综合窗口"搞定20多项民生事项，上海公安建好为民服务"主阵地"》，文汇客户端2019年8月22日，https://wenhui.whb.cn/third/baidu/201908/22/284776.html.

共享的责任清单与不予共享的负面清单，市、区两级大数据中心编制公共数据资源目录和补充目录。每年编制数据需求清单、责任清单、负面清单。

（二）依托电子政务云，推进各部门信息系统上云迁移，实现数据归集和物理层面的集中存储

上海市已形成"1+16"市、区两级电子政务云体系，"1"指市级电子政务云平台，包括公安、税务、社保三个云分中心；"16"指16个区级电子政务云平台。各个部门的公共数据向市、区电子政务云归集，实现公共数据资源的集中存储，形成基础数据库和若干主题数据库。2018年，上海市归集数据4947张表，55亿条，完成了各部门362个信息系统的上云迁移，实现50%的政务数据归集。2019年，上海市党政机关、人大、政协、法院、检察院等150多个预算主管部门1000多个信息系统实现了上云迁移。

（三）构建和完善电子证照库，推动"一网通办"减材料、减证明改革，为企业和民众办事"松绑"和"减负"

2018年10月，《上海市电子证照管理暂行办法》《上海市电子印章管理暂行办法》《上海市"一网通办"电子档案管理暂行办法》等制度文件出台，为电子证照管理、电子印章管理、电子文件归档和电子档案管理提供了指导。2019年制定"双减半"目标，明确了申请人实际提交材料比上一年平均减少一半的要求。浦东新区在全市改革目标的基础上，进一步提出"五个一律"的要求，即凡是能通过政府数据共享获得的材料，一律无需提交；凡是可以网络核验的材料，一律无需提交；凡是前道流程已收取的材料，一律无需提交；凡是非必需的材料，一律无需提交；凡是兜底性质的"有关材料"，一律明确具体要求。电子证照就是实现材料减半的重要探索性举措。

在数据归集和共享的基础上，上海市在"一网通办"总门户和"随

申办"App 上探索使用电子证照。这里的电子证照主要涉及个人和法人两个方面，在个人方面，主要包括身份证、驾驶证等常用证件；在法人方面，主要有营业执照等常用证件和执照。通过推行电子化证照，促进电子证照在各个政府部门共享，使电子证照享有相当于实体证照的效力。具体而言，"电子证照"改革主要着重以下方面。首先，促进政府部门收集、整理涉及个人和涉及企业的证照，形成电子证照库，2019年开始上海市选取80类高频使用的证照进行归集和应用，初步形成电子证照库。其次，要求各个政府部门共享电子证照库，促进电子证照共享，明确"没有法律法规依据的证明材料一律不需提交，能够通过数据共享或网络核验的材料一律不需提交，能够通过电子证照库调取的证照一律不需提交"的原则，使得民众更方便地获取公共服务。最后，在办事指南中，明确电子证照效力相当于原件证照，明确凡是能够通过电子证照库调取的，不再要求申请人提交相应原件和复印件，根据实际情况逐步取消"材料形式为纸质"以及"材料类型含复印件"的要求，推进形成"一证通办""电子亮证""证照免带"等功能。到2020年底，已归集377类高频证照，总数突破9512万张。

三、重视流程再造，建设和打造"整体性政府"

一段时间以来，政务服务流程的梳理和形成常常是基于政府部门的便利性而非民众办事的便利性来组织和设计的，有时会导致对民众而言的一件事分别涉及不同政府部门，需要多头跑、分头办、重复提交材料。为了改变这种状态，"一网通办"改革努力从政府部门出发转变为以人民为中心梳理和设计政府流程，从方便民众"高效办成一件事"角度出发重塑公共服务流程，梳理公共管理和政务服务涉及的部门、需要提交的材料等方面，形成"主题式服务套餐"，明晰针对民众需要办理的一件事，各个政

如何建设数字政府
——"一网通办""一网统管"的上海实践

府部门之间应当如何配合,哪些政府部门是主要责任部门,哪些政府部门承担行政协同责任,民众在哪里可以获得公共管理和政务服务。

从市民和企业用户真实需求的"一件事"出发,围绕市民个人全生命周期的100件事和企业全生命周期的100件事,运用图谱技术,把相关数据关联,形成以"一件事"为中心的政务数据关系网络,构建权力图谱、事项图谱、材料图谱和数据图谱,建设图谱分析系统。在实践运行方面,重点探索了"我要开办饭店""我要开办超市"等具体办理情形,梳理办理流程,系统重构跨部门、跨层级、跨区域协同办事流程,提出优化和完善政务服务流程的意见和建议。

深化流程再造,开发创新应用,满足企业便捷化、个性化、精准化服务需要。如徐汇区市场监管局针对企业股东召集难的问题,开发了远程认证核验程序,无论企业股东或法定代表人身处何地,只要上传清晰的身份证或银行卡照片,就能足不出户远程完成核验,整个过程可以1分钟内完成。浦东新区针对商事制度改革后企业普遍关注的"准入不准营"问题,推出"一业一证"改革。首张苏宁小店"行业综合许可证"5个工作日便审批完成。上海市科委针对科创中心建设过程中科技型企业反映强烈的不了解哪些政策适用的问题,推出"政策北斗"服务导航平台,利用大数据、人工智能等技术手段对现有科技创新政策进行系统整理、分类和解读,通过定向推送、咨询服务、政策引导等方式提供给企业,为企业提供个性化、全天候、打包式服务。

2018年,探索主题式套餐查询服务"一次告知",将"办成一件事"所涉及的部门、所需办理的证照、所要提交的材料一次性告知民众和企业。对办理页面进行优化、精简,实时更新办事指南,使民众可以一次性获取查询信息。2019年,主题套餐查询服务升级为主题套餐联审办理,以办成"一件事"为目标,实行线上"一表"申报,电子材料自动分发至各个政府部门进行并联预审,预审通过后,线上告知预审结果,线下办事人只需前往大厅

"一窗"提交,"一口"领取许可证。以"我要开超市"为例,申请人网上"一口"申请,市场监管局、酒类专卖局、烟草专卖局、卫生健康委、消防部门、生态环境局网上并联预审,在此基础上,几个部门同时并联审批。实施联审办理后,将申请人需要填写的多个表格合并为一个表格,申请人只需要填一个表;梳理形成用证清单,通过电子证照实现共享免交。

采取主题套餐联审办理后,形成了多赢的局面。对办事人员而言,突破了线下收件的瓶颈,窗口人员只需要对照预审信息核对收件,窗口收件更精准;解决了串联办理时间跨度长的问题,部门联办更高效。对申请人而言,实现了减材料、减时间、减环节、减跑动次数的目标。对政府部门而言,各个部门都在网上进行审批,审批信息都在网上显示,可以有效控制不合理的自由裁量权,防止腐败现象的产生。既可以促进政府部门更高质量地提供管理和服务,还可以使主管和牵头的政府部门通过梳理发现可以合并和取消的管理和服务环节,发现流程优化的空间和可能,促进行政效率和效能的提升。

推进时间减半和材料减半的"双减半"。对企业群众关注度高、办理量大的100个事项进行流程优化和再造,推进100个事项全市通办,推动政务服务流程再造,建设"整体性政府";推进企业服务事项向行政服务中心集中、个人服务事项向社区事务受理服务中心集中;推行"一窗受理、分类审批、一口发证"的"综合窗口"改革,推动跨部门协同审批。

2020年开始,上海市以"高效办成一件事"为目标,对各部门内部流程和跨部门、跨层级、跨区域协同办事流程进行重构优化,推动实现革命性的流程再造。具体而言包括一次告知、一表申请、一口受理、一网办理、统一发证和一体管理。一次告知就是一次告知设备、场地、人员、资金、制度等方面的申请要素,体现流程再造申请条件;一表申请就是变"多表"为"一表",变"填表"为"审表",体现再造申报方式;一口受理就是形成线上"一个入口",线下"一个窗口",体现再造受理模式;

一网办理就是让行政审批变"串联"为"并联",变"多套"为"一套",体现再造审核程序;统一发证重视推进证照分离、照后减证,试点"一业一证",体现再造发证方式;一体管理重视一个行业一个部门牵头,变"单打独斗"为"综合管理",体现再造管理和服务架构。2020 年开始,由上海市领导牵头,重点推进跨部门、跨领域的"一件事",具体包括医疗付费、企业纳税缴费、创新创业、新能源汽车专用牌照申请、涉外服务、企业职工退休、军人退役、扶残助残、非上海生源应届普通高校毕业生落户、公民身故、小孩出生、医疗费用报销、廉租房申请、二手房交易登记和水电气等相关业务过户联办,共 14 个"一件事"。从改革效果来看,总体而言,办理环节减了 69%,办理时间减了 54%,办理材料减了 75%,办理跑动减少了 71%。① 以办理"小孩出生"一件事为例,改革前,需要办理婴儿《出生医学证明》,办理《预防接种证》,办理户籍登记,申领《社会保障卡》,进行城乡居民基本医疗保险参保登记等,需要提交材料 33 份,共有 22 个环节,审批时间 100 天,跑动次数达到 14 天。改革后,材料减到 1 份,减了 96%;环节减到 2 次,减了 90%;审批时间减到 20 天,减了 80%;跑动次数减到 0 次,减了 100%。②

四、强化制度建设,形成改革攻坚合力

(一)强化制度建设,为推进改革提供法治保障

制定公共数据共享制度,明确"共享为常态、不共享为例外"的基本

---

① 参见孟群舒:《上海"15 件事"高效办实现减环节 69%,市政府常务会决定再推"12 件事"》,上观新闻 2021 年 3 月 22 日,https://www.jfdaily.com/news/detail?id=351787.

② 参见澎湃新闻:《今日起,出生"一件事"在"一网通办"上线,一文看懂!》https://www.thepaper.cn/newsDetail_forward_9182582.

原则。2018年11月1日,《上海市公共数据和一网通办管理办法》正式施行,该办法是上海市第一部关于公共数据管理与"一网通办"改革的地方政府规章。这是一个总纲性的规章制度,既明确了各项管理工作的目标和原则,又注重推动在专业领域制定可操作性强的规范性文件,以形成全方位、立体化、兼顾宏观与微观的制度体系。《上海市公共数据和一网通办管理办法》为完善公共数据采集、归集、整合、共享、开放、质量和安全管理提供了重要的制度依据。根据复旦大学发布的《2019年中国地方政府数据开放报告》,上海已连续三年在省级政府数据开放中排名第一。此外,还发布涉及电子证照、电子印章、电子档案等方面的管理办法,印发《上海市加快推进数据治理促进公共数据应用实施方案》等12份规范性文件和标准规范,出台《上海市公共数据开放暂行办法》。这一系列制度规定,为推进"一网通办"改革提供制度支撑和保障。

(二)建立"好差评"制度,打造政务服务的"大众点评"

2019年8月,上海市"一网通办"政务服务开始构建"好差评"制度,为政务服务增加了"用户评价"和"售后服务"环节,促进"一网通办"改革落实落地形成系统闭环,使企业和民众能够更多地获得"像网购一样方便"的体验和感受,提升民众的体验度和获得感,增强"一网通办"制度设计的系统性。

"好差评"制度具有覆盖全面、可执行性强、监督性高的特点。"好差评"制度明确规定,只要是"一网通办"已接入的政务服务事项,企业和民众都可以评价。企业和民众可以对线下服务也可以对线上服务进行评价,可以对提供政务服务的单位和全市各级政务服务窗口进行评价,还可以对政府部门单项政务服务、政府部门甚至"一网通办"整体服务进行评价,基本实现服务事项、服务渠道和服务主体的全覆盖。采取简便易行的五星评价、打分评价和具体点评评价相结合的方式,评价和意见反馈具有

如何建设数字政府
——"一网通办""一网统管"的上海实践

很强的可执行性和可操作性;市政府办公厅有专门的部门根据"好差评"情况负责转办和实施督办,推进意见建议的回应、落实和督办。

从制度设计和运行情况来看,"好差评"制度的引入是政府走出舒适区、自加压力、自我调整、促进能力提升的新举措。将政务服务"好差评"作为制度安排,直接对"一网通办"政务服务情况进行评价,推动评价结果公开、整改结果公开,建设政务版的"大众点评",取得明显成效。引入"好差评"制度,通过 PC 端"一网通办"总门户、"随申办·市民云"App、支付宝小程序、"12345"上海政务服务一网通办总客服、自助终端和线下实体窗口等多渠道采集办事主体的真实想法和需求,问需于民、问计于民,将人民拥护不拥护、赞成不赞成、高兴不高兴、答应不答应作为衡量政务服务的标尺,提高了政府效能。到 2020 年 7 月,共累计收到评价 310 多万条,其中"基本满意""满意"和"非常满意"占 99.85%。[①] 评价结果对外公开,接受市民群众和企业监督。差评件的承办单位必须及时进行整改,做到"件件有着落、事事有回音"。

总体而言,通过几年的努力,"一网通办"改革取得了阶段性效果。改革将分散在各个政府部门的管理和服务放到一个平台上,使民众只需要登录一个平台就可以获得各种公共服务。一定意义上说,该改革是将各个政府部门的办事系统搬到了一张网上,有人将之概括为"政务超市",起到了物理整合的作用。当然,这一阶段的改革对政务服务没有进行充分的整合和融合,特别是没有进行深度的流程再造,距离民众和企业"好办""愿办"的期盼和要求尚有一定差距,还需要进一步深化和推进。

---

① 参见《"好差评"推出一年来收到 310 多万条评价 "一网通办"满意率超 99%》,上海市人力资源和社会保障局网站 2020 年 7 月 21 日,https://rsj.sh.gov.cn/tszf_17089/20200721/t0035_1392445.html。

第三章 「高效处置一件事」:「一网统管」改革的基本设计

第三章 "高效处置一件事"："一网统管"改革的基本设计

2018年11月，习近平总书记在考察浦东城市运行综合管理中心时指出，要善于运用现代科技手段实现智能化，又要通过绣花般的细心、耐心、巧心提高精细化水平。2019年11月，他再次考察上海，特意提到了"两张网"，称它们是城市治理的"牛鼻子"，这是两张上海独创的"网"——政务服务"一网通办"和城市运行"一网统管"，他叮嘱上海干部：要坚持从群众需求和城市治理突出问题出发，把分散式信息系统整合起来，做到实战中管用、基层干部爱用、群众感到受用。[①] 这些重要讲话的指示精神，为上海推进"一网统管"改革提供了科学指引和根本遵循。2019年，在"一网通办"改革的基础上，上海市在城市治理领域进行改革和创新，推出"一网统管"改革。"一网统管"改革重视在城市治理领域引入信息化、智能化手段，努力做到"一屏观天下、一网管全城"，推动高效处置一件事。

第一节 城市治理现代化的创新性举措

城市是有机体、生命体。这里赋予城市生命意义，与公民个体和法人主体紧密相连。"一网通办"着力为公民个体、法人主体提供政务服务，"一网统管"着力为城市有机体、生命体提供智能化、智慧化的城市治理。适应上述要求，"一网统管"治理的目标是通过全面数字化转型，让城市治理

[①] 参见《当好改革开放的排头兵——习近平上海足迹》，人民出版社、学习出版社2022年版，第193页。

如何建设数字政府
——"一网通办""一网统管"的上海实践

做到"耳聪目明、智能研判、四肢协同、行动有力"。

"一网统管"是适应城市数字治理要求的重要探索，是适应城市治理发展变迁要求的创新性举措。随着时代的发展变迁，城市治理的要求不断提高，传统的管理模式和手段越来越不适应城市复杂巨系统正常运行的需要。从上海的实际运行情况来看，作为超大规模的城市，人流、物流、信息流和各类要素流都达到了前所未有的规模和高度。具体而言，截至2021年底，上海有近2500万常住人口、500多万流动人口；有220多万家企业，建筑物众多，总建筑面积超过130亿平方米；有地铁线路17条，总里程达到770多公里，轨道交通每天的客流量超过1100万人次，每天有500多万辆机动车在路上行驶，有12万公里地下管网。面对如此复杂而多样的城市巨系统和城市管理事项，各个部门之间管理边界不清、信息不畅通、资源整合不到位等问题突出，出现了治理碎片化、低效化的问题，政府部门对城市管理中的很多问题"看不清楚、管不过来、处理不了"，存在"视而不见、雾里看花、盲人摸象"盲区，"视而不见"会导致不作为，"雾里看花"会导致慢作为，"盲人摸象"会导致乱作为。形势的发展迫切需要把城市治理问题作为一个整体来看待，将多个政府部门力量和资源聚合起来，从城市治理中民众的需求出发，做到看得到问题、看得准问题、全面看待问题，同时做到有部门能处理问题、有部门能协同处理问题，推动高效处置一件事，打造整体性政府，以更好地实现城市治理的良治和善治。

2019年开始，上海市委、市政府为适应超大城市治理需要，利用科技手段进行赋能，探索城市运行"一网统管"，搭建统一的平台，促进政府流程再造，将人、物、动、态等城市运行中的要素更好地结合起来进行整体性考虑和处置，以更好提供市民满意的公共产品，提升市民的获得感、幸福感和安全感。

上海市浦东新区先行先试，进行了探索。从2017年开始，浦东新区建立城市运行综合管理中心，并初步建成大屏体系，探索用网络治理的形式更好地提升城市运行效率。这是"一网统管"在上海最初的实践探索。浦东新区围绕增强城市感知能力、研判能力、处置能力的目标，构建了"组织成体系、发现智能化、管理可闭环"的城市治理新模式。浦东新区城运中心通过广布"神经元"，及时发现问题、研判风险、快速处置。布置4万个物联感知设备，收集和梳理109个部门431个系统的亿万字节大数据[①]，感知城市运行的"脉搏"与"心跳"。在大数据支撑和支持下，选择城市设施、运维、环境、交通、安全、执法等六大领域研发出50多个智能化应用场景，不少管理难题找到了新的解决路径和方式。比如过去发现住房群租现象要靠市民举报或网格巡查，在实施"一网统管"改革后，通过分析各户人家快递下单量和使用水电煤数据变化就可以进行分析判断。

2019年，在梳理和总结浦东改革先行先试经验的基础上，上海开始推进全市范围内"一网统管"改革。2019年12月20日，上海市委主要负责同志在中国共产党上海市第十一届委员会第八次全体会议上强调指出：要以智能化为突破口，把科技赋能作为提升治理效能的"倍增器"、解决治理难点的"金钥匙"。抓"政务服务一网通办""城市运行一网统管"，用"两张网"纵深推进智能化运用，以智能化纵深推进精细化治理，真正做到像绣花一样精细，让每个人都能感受到城市的温度、生活的美好。这是上海在全市层面首次提出"一网统管"改革。2020年4月13日，上海市召开"一网通办""一网统管"工作推进大会，明确了全面推进"一网统管"的目标要求，提出坚持"一屏观天下、一网管全城"的目标定位，遵循"整体设计一步到位、应用实施分步推进"的建设思路，强化"应用为要、管用为王"的价值导向，构建"三级平台、五级应用"的跨部门、跨

---

① 参见《"十四五"开局，浙江省党政代表团出省学习考察——现代化先行，向京沪学什么》，浙江省人民政府网站2021年5月18日，http://www.zj.gov.cn/art/2021/5/18/art_1229463129_59105950.html。

层级城市运行体系，着眼"高效处置一件事"，使得问题发现更智能、案件处置更高效，确保城市运行安全有序。2020年4月，上海市委常委会审议通过了《上海市城市运行"一网统管"建设三年行动计划》，进一步明确了"一网统管"建设的时间表、任务书和工作重点。随后，上海市启动阶段性会战模式，加快推进"一网统管"的落地实施。2020年底，上海市委、市政府公布了《关于全面推进上海城市数字化转型的意见》（以下简称《意见》），将"一网统管"纳入全面数字化转型中加以统筹考虑。《意见》指出，把牢人民城市的生命体征，打造科学化、精细化、智能化的超大城市"数治"新范式。推动治理数字化转型，提高现代化治理效能。《意见》还明确提出，要以"云、数、网、端、安"一体化数据资源服务平台为载体，形成"一网通办""一网统管"互为表里、相辅相成、融合创新的发展格局。

2021年1月，上海市第十五届人民代表大会第五次会议批准通过了《上海市国民经济和社会发展第十四个五年规划和二〇三五年远景目标纲要》（以下简称《纲要》）。《纲要》强调提出：着眼于"高效处置一件事"，加强"云、数、网、端、安"基础设施建设，强化系统整合和数据汇集治理，全面建成市、区、街镇三级城运中心，形成"一门户、多系统"的应用场景开发格局，持续提升态势全面感知、趋势智能预判、资源统筹调度、行动人机协同能力，实现"一屏观天下、一网管全城"，使"一网统管"成为上海城市治理的关键支撑和重要标志。

第二节 通过"统"来推进"高效处置一件事"

"一网统管"改革的关键在于准确理解"统"，在做好统一、加强统筹、做到统领的基础上发挥数据的作用，调动多方面治理的积极性，实现城市的良治和善治。质言之，通过更好的"统"将该管好、能管好的事项管好，实现更优的"治"。

一、成立城市运行管理中心，作为推进"一网统管"改革的重要主体

2020年4月，上海市城市运行管理中心（简称城运中心）正式成立，隶属市政府办公厅，作为推进"一网统管"改革的重要主体。同时，明确将市应急局指挥中心、救援协调和预案管理处整建制进驻到市城运中心，与原来的市政府办公厅总值班室联动协同，形成市级城运中心。2020年6月，上海的16个区成立城运中心，215个街镇城运中心也挂牌成立。这样就形成了自上而下的城运中心系统。

"一网统管"的治理和管理事项常常跨领域、跨层级、跨部门，改革的机制设计需要与此相适应。基于此，上海市委、市政府明确由市政府办公厅、城运中心、大数据中心共同推进"一网统管"改革。上海市政府办公厅负责总体协调和推进，城运中心负责业务层面的改革，大数据中心负责数据和技术支撑，从而形成推进改革的协同化主体，更好发挥城运中心的协调、协同功能。

随着市、区、街镇三级城运中心的形成，梳理三级城运中心关系的重要性日益凸显。三级城运中心在业务上是指导和被指导关系。三级城运中心的职责定位各不相同，协同发挥作用。市级城运中心主要是抓总体，为全市"一网统管"建设提供统一规范和标准，赋能基层智能化应用，完善全市性重大事项现场指挥处置功能。区级城运中心主要是发挥枢纽、支撑功能，强化本区域个性化应用的开发和叠加能力，为区级和街镇、网格实战应用提供保障。街镇城运中心主要抓处置、强实战，对城市治理具体问题进行及时妥善处置，对重点难点问题开展联勤联动。三级城运中心的成

立，不仅实现了组织指挥体系的"统领"，为"一网统管"以及协同治理提供组织保障，解决指挥机构缺失、统筹协调能力弱的关键性问题，而且拓展了管理功能，覆盖城市运行的多个方面、多个环节、多个领域和多个层级。

二、构建"三级平台、五级应用"的城运运行系统，明确治理的职责和实现方式

城运系统是上海"一网统管"的重要支撑，是城市运行管理和应急处置的主要载体，是城市智能化治理的基础。

上海以城运中心为基础形成"王"字形治理结构，推动"一网统管"目标的实现。"王"字形结构为城运运行系统提供了支撑。从运行结构来看，"王"字形结构的中间一竖是城运中心，构成推进改革的中心系统，上面的一横代表各个委办局等市级政府部门，下面的一横代表各个区级政府，城运中心上下贯通、左右联动，居中发挥综合协调作用。从作用机制来看，在与各个委办局等政府部门的左右联动方面，着力发挥城运中心综合协调功能，城运中心对既有的业务活动"不替代、不包揽"，而是推动数据和信息的共享，调动原来各个委办局的工作积极性，推动业务流程的优化和再造，更好地实现治理目标；在与各个区级和街镇政府的上下贯通方面，市级城运中心和大数据中心数据和信息赋能区和街镇，推动更好地实现治理目标。通过打造上下贯通、左右联动的"王"字形结构，打通了条块业务系统互不相连的树状结构，形成横向到边、纵向到底、互联互通的矩阵结构，推动更好发现问题和处置事件。换言之，市级城运平台坚持"不替代、不包揽"原则，努力成为城运系统的应用枢纽、指挥平台和赋能载体。市城运平台联通各大业务系统，原有的数据系统主要由上海市各委办局开发，直接接入市城运平台，实行"逻辑

集中、物理空间分开"布局,畅通各级指挥体系,为跨部门、跨区域、跨层级的高效处置提供快速响应、优质数据服务和技术支撑。区城运平台是承上启下的重要一环,上通市城运平台,下达街镇城运平台,横联区级相关部门,是区级协调指挥中枢。街镇城运平台则处于信息和数据收集的前端和事件处置的末端,重点是调动街镇一级的执法力量,处置城市治理中的具体问题。

除了三级平台建设外,"一网统管"还把治理触角延伸到网格和楼宇,实施"五级应用",即充分运用"一网统管"的多元优势,强化对网格作为社会治理最小管理单位的实战应用支撑,推动高效处置一件事,把精细化管理落到实处;依托"社区云"等移动应用,支持基层自治组织和单位、园区、楼宇等参与社会治理。这样就形成了"一网统管"的多元治理运行体系。

三、形成"六个一"的数据技术支撑体系

"六个一"的"一网统管"数据技术支撑体系,具体包括以下几个方面。一是"数据汇聚一个湖",改善数据共享难的局面。三级平台的贯通和五级应用的实现关键依靠数据支撑。"一网统管"以城运中心和大数据中心为依托,实时汇集和汇聚城市生产、生活和治理的各类数据,不断拓展城运主题数据库和专题库,建设数据湖,为场景应用奠定数据基础。数据汇聚后,安全问题更加突出。"一网统管"从设计之初就把信息和数据安全放在第一位,重点加强数据共享安全和信息系统安全的保障,下好防范信息安全风险的"先手棋",筑牢抵御网络安全攻击的"防火墙",加上严密制度防范的"安全锁",以增强数据的可靠性、系统的稳定性和安全性。二是"治理要素一张图",支撑城市治理应用。加快城市空间、城市部件、城市运行动态的数字化,汇集"人、地、事、物"等

如何建设数字政府
——"一网通办""一网统管"的上海实践

关键要素,建立统一的地名地址标准和数据库,探索形成一张"上海数字孪生地图",实现各类地理数据资源的有序关联,支撑城市治理。三是"城市大脑一朵云",避免产生"信息孤岛"。"一朵云"是指融合市、区两级的电子政务云。目前,主要有"华为云""阿里云"。上海统一电子政务云管理架构,加强市、区两级电子政务云建设,做好相关业务系统和应用场景在云上的原生开发和升级,促进信息共享、实现业务协同。四是"互联互通一张网",改变信息横向流动不畅通的问题。以大数据中心、城运中心为基础,推进数据信息的互联互通,提升数据的共享水平,促进线上线下的对接。五是"城运系统一平台",改变管理系统种类多、多主体、分散化的局面。建立市、区、街镇三级城市运行中心平台,实现平台整合和系统集成。同时,加强城运中心建设,着力打造业务、数据和 AI 功能,推动城运中心成为城运系统的应用枢纽、指挥平台和赋能载体。六是"移动应用一门户",改变基层处置流程混乱的局面。上海市对基层管理的移动端业务入口的政务微信,实行集中部署、功能提升和系统对接,不断丰富基于移动端的小程序、轻应用,通过逐步整合各部门的 App,实现基层一线的移动端统一应用。这样不仅缩短了信息传递的链条,而且使一线作战平台扁平化,提高了处置的效率和战斗力,还减轻了基层负担,有效改变了基层人员手持多部移动设备接单干活或登录多个账号完成工作任务的局面。

通过"六个一"建设,上海市逐步形成了超大城市"数治"的基建、数据、系统"三大基座",实现了系统资源"统筹"和数据标准"统一",进一步夯实了智慧治理的底板,为"观全面、管到位、防见效"提供有效技术支撑。"三大基座"包括:打通政务外网、拓展边缘计算、开通政务微信、建设城运云,构建新基建基座;建设城运主题库和专题库,构建数据大基座;推动公共卫生突发事件应急处置、道路交通管理、气象先知等系统建设，构建"一网统管"系统大基座。[①]

四、聚焦流程革命性再造，推动线上线下协同治理能力的全面提升

通过制度、科技和数据赋能，上海市全过程、全方位解构重塑业务流程，推动线上线下协同、高效处置一件事，提升治理效能。

一方面，以体制机制创新推动协同治理。重视网格化治理理念，同时又破除唯网格化思维，探索构建基层综合执法和联动联勤的新机制。以街镇网格化系统为依托，全面整合各街镇现有站所的管理力量，打造一支由公安、城管执法、网格管理、综合治理、市场监管等多方力量一道参与的一周7天加全天24小时响应的城市运行管理和应急处置队伍，实现城运网格、警务网格、综治网格的"多格合一"，强化跨部门的联动联勤。同时，以政务微信全面应用带动治理过程和治理行为的全量数字化，推动基层流程再造。比如，上海市闵行区新虹街道在政务微信上开发了快速处置模块，建立了集指挥、响应、处置为一体的指挥系统平台，对重大安全隐患和突发群体性事件进行指挥调度。一旦发现紧急情况，指挥系统平台"一体化指挥"模块会及时受理并进行报警提醒，自动调取距离事发地最近3个摄像探头的视频影像。指挥长通过平台实时查看案件详情，第一时间将案件派发相关处置人员和责任单位。案件发生后，政务微信系统会自动建群，将责任单位的处置人员拉入群中；案件处置完毕后，群自动解散。处置人员能通过手机端实时上报文字、图像、视频等各种信息，指挥长也可通过手机端实现远程指挥并随时获取现场单兵执法仪拍摄的视频。所有处

[①] 参见《一屏观天下、一网管全城！这个"城市大脑"守护上海的安全和秩序》，上观新闻，https://sghexport.shobserver.com/html/baijiahao/2021/05113/432221.html。

如何建设数字政府
—— "一网通办""一网统管"的上海实践

置环节都实时推送至城运系统平台,做到一体化协同办公和调度指挥,高效、快捷、精准应对处置辖区内的突发应急事件。[①]

另一方面,以制度、科技、数据赋能推动协同治理。过去,渣土车超载、超速、随意倾倒等违法行为严重危害交通安全和生态安全,是一个"老大难"问题。这个问题的症结在于"政出多头",部门间信息不通、各自为战,无法有效形成管理合力。现在,当渣土车经过道路智能卡口时,车况就会被智能识别,并与数据库进行比对。其中的违规车辆基本信息及行驶轨迹将被实时推送到执法部门,交警和城管据此实施精准执法,随后执法信息又被推送给征信部门,紧接着各个管理部门据此实施联合惩戒。2019年底,上海市废弃物管理处对上海沪环实业有限公司无证运输行为做出禁止其在上海从事建筑垃圾运输作业服务的处理决定。这个处理决定正是基于"渣土车协同治理模块"把物联网、大数据等新技术嵌入城市管理,做到数据循环和管理闭环,实现管理要求、技术运用和处置流程的紧密耦合。

经过近年的探索实践,上海市城运系统整合接入了公共安全、舆情感知、住建、交通、应急、民防、气象、水、电、气等领域50多个政府部门的198个系统、近1000个应用,通过数据的整合促进功能的协同,形成集泛在接入、数据汇集、预警预报、智能派单、依责处置、评估评价及应用示范为一体的超大城市治理新路子,形成贯通市、区、街镇三级、覆盖经济治理、社会治理、城市治理的城市工作体系,推动了城市治理体系和治理能力现代化水平的提升。

"一网统管"推出了一套较为完整的城市运行基本体征指标体系,直观反映城市运行的宏观态势。在城运中心的大屏幕前,城市实有人口、空

[①] 参见《着眼实战管用,闵行区各街镇扎实推进城市运行"一网统管"工作》,上海市闵行区人民政府网站2020年7月3日,http://www.shmh.gov.cn/shmh/zwdt-qwghzx/20200703/485707.html。

第三章 "高效处置一件事"："一网统管"改革的基本设计

气质量指数、市内交通客流量、全市供水量负荷、水质达标率等指标可视化呈现，每一个指标都在实时更新变化，实现了在一个端口上城市治理要素、对象、过程、结果等各类信息的全息全景呈现。并且，各个政府部门都可以共享数据和信息。

"一网统管"在保持各部门原有业务系统、工作格局基本架构不变的同时，依托市、区两级大数据资源平台，在数据汇集、系统整合、功能融合、安全可控上进一步做深做实做细，为跨部门、跨系统的联勤联动增效赋能。比如，过去城市治理过程中问题主要依靠网格员巡查"主动发现"或是靠12345市民服务热线的市民举报"被动发现"，但是这种人工发现加处置的传统管理模式，渐渐无法适应风险隐患隐秘、动态变化的特点，难以做到对各类管理要素"底数清，情况明"，难以精准发现风险隐患。构建"一网统管"治理体系后，围绕"城市生命体"的实时动态治理需求，市级政府部门和区级政府大力推动感知端的建设和共享，近千万个传感器形成了"城市神经元系统"。例如，在2021年初的寒潮应对中，上海市通过供水管网中的3万多个传感器，对将近9000个小区进行水量监控。通过引入大数据、人工智能的方法，当发现水流减缓，水压降低以后，相关责任部门可以第一时间通过数据报警，派出抢修队伍到现场。在实际运行过程中，当小区发现有漏水发生或者水压异常的情况，居民打电话报修时，抢修人员往往已经出发赶往现场或者已经在现场。正是由于有数据的赋能，才做到"让预警跑在老百姓的报修前"。在2021年的寒潮中，上海市城市运行总体情况良好，水管和水表受损情况明显减少，全市报修量不到2万件，而且通过线上线下协同联动，市民的报修和修复之间时间更短、效率更高。[①] 虽然"一网统管"的这张"网"摸不着，但却管用。如果没

[①] 参见李雅娟：《大数据技术如何助力城市治理》，中国青年网2021年5月27日，https://t.m.youth.cn/transfer/index/url/news.youth.cn/gn/202105/t20210527_12973600.htm。

有数据共享推送、没有联防联控的智能化应用、没有线上线下高效协同，单靠人海战术，精准防控、精细治理是难以完成的。

五、探索多样化的应用场景，推动做到实战管用

"一网统管"重点针对公共管理、公共安全、公共服务和应急处置等四个领域的高频事项开发智能化场景应用，创新性破解许多城市管理和社会治理的难题，回应人民群众的现实需求，使城市治理从"补漏洞"走向"治未病"。

比如，从 2019 年开始，上海市将违法建筑治理、群租综合治理、玻璃幕墙安全监管等 8 个应用场景整合到"一网统管"系统之中。全市 1.3 万座玻璃幕墙建筑有 57% 纳入"一网统管"系统，并通过智能算法，推导出可能存在隐患的楼宇，预先进行防范。到 2020 年 7 月，"一网统管"就发现 312 处隐患，及时排除了险情。2020 年还进行了升级，对高铁沿线、住宅电梯安全监管、物业小区管理等更多城市运行风险和热点难点进行"在线"监管，实现从主动发现到自动发现、从普通发现到专业发现、从单渠道发现到多渠道发现的转变，更高效感知、更全面掌握城市运行基本体征。

再比如，近年来，高楼外墙脱落伤人事件屡有发生。避免此类事件，检测、预警是关键。2020 年 4 月 28 日，虹口区北外滩街道利用智能无人机设备、5G 和红外成像技术对 20 岁"大龄"的兰侨大厦外墙进行"CT"检测。无人机在楼宇周围飞，对应的热力图和三维数字模型就显示在智能巡检平台上，通过比照热图上的光斑明暗以及现场照片，精准确认面砖饰面保湿层起壳等 21 处高风险部位所在的具体位置和隐患类型。这一技术尝试加入人工智能模块，建立高层楼宇安全数据库，以 AR 技术筛选排查隐患，对风险进行预警研判，真正做到防患于未然。[①]又如，长宁区江苏路街道为辖区内1200余名独居老人安装智能水表，如果超过12小时用水不足0.01立方米会自动报警，"一网统管"平台就会及时将信息反馈给街道和居委会，居委会干部会第一时间上门探视老人，使独居老人的安全得以保障。通过"一网统管"，城市运行更安全，人民群众的获得感、幸福感、安全感不断增强。

[①] 参见薛宁薇：《上海基层治理之鉴：N款开脑洞"小程序"接入"一网统管"》，东方网2020年7月3日，http://j.eastday.com/p/1593767088010222.

第四章 "政务智能办"：浦东新区"一网通办"的改革探索[①]

[①] 本章根据对浦东新区政务服务中心的访谈形成，访谈时间为2021年12月。

第四章 "政务智能办":浦东新区"一网通办"的改革探索

习近平总书记2019年考察上海时提出"人民城市人民建、人民城市为人民"的重要理念。党的二十大报告指出:"坚持把发展经济的着力点放在实体经济上,推进新型工业化,加快建设制造强国、质量强国、航天强国、交通强国、网络强国、数字中国。"[①]

在第十二届全国人民代表大会第四次会议上,政府工作报告强调"大力推行'互联网+政务服务',实现部门间数据共享,让居民和企业少跑腿、好办事、不添堵"[②]。2018年6月,《国务院办公厅关于印发进一步深化"互联网+政务服务"推进政务服务"一网、一门、一次"改革实施方案的通知》提出要加快推进企业和群众办事线上"一网通办"(一网),线下"只进一扇门"(一门),现场办理"最多跑一次"(一次),让企业和群众到政府办事像"网购"一样方便。2018年7月31日,《国务院关于加快推进全国一体化在线政务服务平台建设的指导意见》就深入推进"互联网+政务服务",加快建设全国一体化在线政务服务平台,全面推进政务服务"一网通办"作出部署。

《中华人民共和国国民经济和社会发展第十四个五年规划和2035年远景目标纲要》提出,要"迎接数字时代,激活数据要素潜能,推进网络强国建设,加快建设数字经济、数字社会、数字政府,以数字化转型整体驱

[①] 习近平:《高举中国特色社会主义伟大旗帜 为全面建设社会主义现代化国家而团结奋斗——在中国共产党第二十次全国代表大会上的报告》,人民出版社2022年版,第30页。

[②] 全国人民代表大会常务委员会办公厅编:《中华人民共和国第十二届全国人民代表大会第四次会议文件汇编》,人民出版社2016年版,第24页。

如何建设数字政府
——"一网通办""一网统管"的上海实践

动生产方式、生活方式和治理方式变革"[①]。建立健全国家公共数据资源体系，确保公共数据安全，推进数据跨部门、跨层级、跨地区汇聚融合和深度利用。提高数字化政务服务效能，全面推进政府运行方式、业务流程和服务模式数字化智能化。深化"互联网+政务服务"，提升全流程一体化在线服务平台的功能。

2018年，上海市成立大数据中心，利用平台整合政府数据资源，推动政府公共服务的"一网通办"。随后，上海市先后出台了《上海市公共数据和一网通办管理办法》《上海市"一网通办"平台运行管理暂行办法》，进一步规范了"一网通办"的相关工作。2021年，《关于深化"一网通办"改革构建全方位服务体系的工作方案》指出，坚持以理念创新引领制度创新，以数字化转型倒逼服务方式重塑，充分应用大数据和人工智能等技术，变被动服务为主动服务，变共性服务为个性服务，推动"一网通办"改革不断深化。坚持以"一网通办"服务理念引领公共服务、便民服务优化，以场景应用驱动服务供给创新，实现与群众和企业生产生活密切相关的服务全覆盖，打造标准化、普惠化、均等化、智慧化的全方位服务体系，提升整体服务质量和水平，切实增强群众和企业的获得感、满意度。

上海市浦东新区行政服务中心积极探索政务服务数字化转型，打造综合窗口"政务智能办"新模式，率先实现高频事项"零材料填报"，让"一网通办"更高效、更便捷、更精准。2018年，上海市浦东新区行政服务中心在全国率先开展人工智能辅助审批研发和试点，将人工智能作为提高政府现代治理能力和服务水平的驱动力量和重要抓手，深化"放管服"改革优化再造服务流程，方便群众办事，赋能基层工作人员。聚焦"AI+审批"等领域，推动行政审批进入"AI+政务服务"新模式，使政务服务

---

① 《中华人民共和国国民经济和社会发展第十四个五年规划和2035年远景目标纲要》，人民出版社2021年版，第46页。

第四章 "政务智能办":浦东新区"一网通办"的改革探索

从"能办"向"好办""愿办"转变,强化"通办",探索"智办"。持续提升企业的体验感和获得感。充分利用人工智能的广泛赋能作用,促进行政审批业务流程的革命性再造,形成浦东"政务智能办"新型政务服务模式。

第一节 "政务智能办"改革的主要做法

一、改革动因

上海市浦东新区行政服务中心"政务智能办"从以下几个方面开展相关工作。

(一)精准摸排传统行政审批模式存在的问题

浦东新区坚持把企业满意度作为改革效果和服务质量的评判标准,通过多种渠道收集梳理企业办事诉求,并作为进一步深化"一网通办"改革的重要依据。为了准确发现行政审批过程中存在的问题,浦东新区对"请您来找茬"活动和政务服务"好差评"数据进行统计和分析。调研数据显示,5163条"找茬"记录中,反映企业办事流程不清楚、希望寻求专业化咨询的占60.8%;486条差评中,反映窗口服务态度差、效率低的占30.60%,反映办事多跑路的占25.57%,申请材料有问题的占20.60%,差评内容涉及窗口办事的占比总计76.77%。为进一步找准问题,浦东新区通过企业座谈、部门调研等方式,广泛听取企业意见建议,总结梳理了传统审批模式下窗口办事存在的三方面问题。一是企业办事政策看不懂。按照传统的办事流程,企业需要自行从政府部门提供的标准化办事指南和通用模板中获取办事信息并加以理解判断,而办事指南涉及大量的法规政策,一些办事人员因缺乏相应的专业知识、背景和经验，对办事指南存在理解不充分、理解有偏差等问题。二是申报材料收件耗时长。由于信息不对称、信息获取渠道有差异、个体理解存在偏差等因素，企业办事人员提交的申请材料在规范性、完整性、准确性等方面和审批部门的要求往往存在一定差距，导致申请材料需要反复修改、办事需要多次跑动，材料从开始准备到最后收件成功耗时较长。三是窗口人员工作压力大。综合窗口改革后，窗口工作人员需要同时掌握上百项政务服务事项的业务知识，受个体业务水平、理解能力、沟通能力等影响，在具体办事过程中可能出现不同工作人员对同一事项口径不一致、同一工作人员不同时段口径不一致等问题，由此造成的窗口退件既影响了服务效率，也给窗口工作人员带来心理压力。

总体而言，这些问题集中暴露出传统审批模式的弊病：一是审批标准化程度不高，导致审批透明度低、随意性强，审批效率较为低下；二是智能化支撑不足，没有充分发挥信息技术发展的赋能增效作用。

（二）针对存在问题，利用数字化技术实施精准施策

浦东新区从企业办事需求的问题梳理出发，积极探索"AI+政务服务"，在窗口全面推进"政务智能办"审批模式，在企业办事"最后一米"上发力，力求从根源上解决审批难、审批烦的问题。

2018年，浦东新区行政服务中心开始探索人工智能在行政审批领域的应用。通过引入人工智能识别、核心算法、知识图谱等技术，自主开发人工智能辅助审批系统，并获得了国家知识产权局授予的发明专利。人工智能辅助审批利用机器学习逐项研究法律法规、审批要点、操作口径、历史办件等，构建完整的审批知识图谱。通过图像智能识别把审批事项相关材料解析成机器可识别的语言；利用自然语言处理（NLP）技术实现文本信息的深度提取与关联，构建知识图谱与规则库智能判断审批资料的正确性；

第四章 "政务智能办":浦东新区"一网通办"的改革探索

通过机器学习、核心算法、知识图谱等技术构建 AI 审批大脑。浦东新区在全国率先实现了"人工审批"向"机器审批"的转变、高频涉企事项"零材料填报",行政审批过程更精准、更快捷,做到"让群众少跑路、数据多跑路"。在 AI 审批的智能支撑下,实现了智能预审:办事人员自己携带材料在综合窗口办理事项时,人工智能辅助行政审批系统将人工阅读材料转变为 AI 阅读材料、人工判断转变为 AI 判断,实现对审批材料的智能识别和智能审核,并给出审核结果及建议,实现审批材料一次提交、审批结果一次呈现。

2020 年,浦东新区行政服务中心基于"AI 审批大脑",在全国首创"政务智能办"综合服务新模式。"政务智能办"依托人工智能技术,以智能辅助审批系统作为后台支撑,梳理审批规则、再造审批流程、构建智能审批全流程闭环,重塑传统审批模式。"政务智能办"可实现"零材料办理":基于 AI 审批大脑的后台支撑,"政务智能办"系统整合了咨询、收件、初审环节为"一次办成"。窗口工作人员和企业办事人员通过开展"一问一答"以确认企业办事需求信息,智能文档引擎依托图像智能识别平台等技术,对企业送审资料进行数字化转换和结构化识别,自动提取审批要素,并与审批知识图谱进行逻辑比对,自动形成标准、完整、准确的申报材料。预审结果按照"通过""不通过"以及"需人工审核(机器无法判定部分)"三类显示在收件系统界面,窗口工作人员对结果进行复核。所有审查记录自动录入后台数据库,系统通过机器学习进一步丰富完善审批知识图谱,形成知识图谱—信息比对—生成报告—人工复核—数据反馈的全流程闭环,推动"政务智能办"不断迭代升级。

(三)"技术赋能"和"流程再造"的良性互动

浦东新区还开展了"一业一证"改革,优化政府工作流程,进一步提升"政务智能办"的效能。2019 年 7 月 31 日,在浦东新区审改办完成顶

如何建设数字政府
——"一网通办""一网统管"的上海实践

层设计的基础上，经过区行政服务中心和区市场监管局等行业牵头部门的全力推进，浦东首批10个行业正式启动"一业一证"改革。线上依托"一网通办"、线下依托"单窗通办"，通过智能问答，形成定制化办事指南、申请表和材料清单，实现一口收件、协同审批、一口发证。企业只需要填报一张表、提交一套材料、申领一张许可证即可开业经营。具体举措有以下几种。一是通过对企业业态类型、产品种类、经营规模等具体情况的问答，形成定制化办证指南和导航服务。二是将原来各部门的审批条件，按照场所、设备、资金、人员和制度要素标准化集成，形成一张告知单。以便利店行业为例，通过"一单告知"，申请材料从之前的53份减少到改革后的10份，压减率达到81%。三是将一个行业涉及的多个审批申请表合并集成为一张申请表，系统从申请材料中抓取数据自动填写。"便利店行业综合许可申请表"整合了《食品经营许可证》《酒类商品零售许可证》《药品经营许可证》等5个许可证件的申请要素，企业填报的项目从313项压减至98项，压减率达到69%。2019年10月，浦东新区完成了43个行业的线上线下全程办理，实现"一业一证"涉及区权事项基本全覆盖。[①]

为了深化"一业一证"改革，浦东新区利用"政务智能办"等智能引擎，不断优化完善网上申办系统。截至2021年底，在国务院批复的31个行业中，已实施25个行业的网上申办流程。一是在原来区级已上线22个业态的基础上，配合区卫健委和农委、区市场监管局，完成了一二级病原微生物实验室、互联网电商、化妆品制造的开发上线。二是根据市场主体和业务部门需求，聚焦便捷查询、精准匹配、智慧填表等功能，不断提高在线申办和材料流转便利度，提升智能化水平和企业使用体验。三是在市、区两级审改办、大数据中心的推动下，逐步推进酒类、食品经营许可

[①] 参见刘雅雯：《让高质量发展在法治轨道上跑得更快》，《浦东时报》2023年1月11日。

等35个市级系统数据对接工作。四是推进已上线业务办理从新办环节向变更注销环节延伸。

通过行政审批流程"一业一证"的改革，政府简化了审批的环节和材料，使"政务智能办"的开发和使用更加便捷、便利。而"政务智能办"系统的开发使用也进一步推进和推动了"一业一证"改革。"技术赋能"和"流程再造"二者互相促进，实现了良好的互动。

二、改革的成效

浦东新区通过"政务智能办"，初步实现智能审批，让企业省心、政府放心。综合窗口"政务智能办"实现审批要素、审批要件、审批逻辑的标准化、颗粒化和可视化，有效解决了企业办事政策法规看不懂、材料准备耗时长、反复修正来回跑等痛点，大大提升了行政审批的准确度和效率。

窗口办事实现"三免"。具体包括以下三点。一是信息免提交，窗口工作人员通过扫描企业电子票号、后台调用数据库或证照库以及企业电子亮证等方式，获取所需办事信息，企业办事人员不需费力准备申请材料，即可"两手空空"来办事。二是材料免填报，所有需要企业自行填写的申请材料，窗口工作人员经过"一问一答"询问企业办事人员后，利用后台人工智能抓取数据、审批逻辑规则生成等方式自动生成，企业不用担心"政策不清楚"。三是办事免跑动，所有材料在生成过程中同步启动智能预审，企业当场确认后即可提交，也可同步上传移动端企业专属网页，随时查看、下载、修改、提交，企业后续办理同类业务可以"一次都不跑"。

政务服务实现"四转"。一是转理念，即行政审批从传统模式下企业需无条件适应政府办事规则，到"政务智能办"模式下政府要按照企业需求改造业务流程，体现了工作理念从政府审批为中心向用户需求为中心的转变。二是转角色，即窗口工作人员从传统模式下被动接收、审查材料，到新模式下需利用专业知识主动引导、帮助企业准备材料，体现了其工作角色从审查员向服务员的转变。三是转功能，即审批流程从传统模式下的咨询、帮办、收件、受理、审查等多环节、分阶段服务，到新模式下的一次性、全过程、整体性服务，体现了综合窗口功能从事项综合向服务综合转变。四是转方式，即审批方式从传统模式下的人工审查，到新模式下的"机审+人核"，体现了服务方式从粗放式服务向智能化精细化服务转变。

服务过程实现"两心"。一是企业省心，以内资企业变更经营范围事项为例，原来企业需填报3份材料51个要素，现在借助"政务智能办"，企业只需提供变更后的"经营范围"1个要素，系统在窗口工作人员操作下即可自动完成事项审批。企业办事人员的学习成本、时间成本明显下降，办事体验显著上升，不少企业办事人员感慨："太省心了！以前老是改材料，被老板骂，现在一次就搞定。这样的功能要多一点！"二是政府放心，截至2021年2月底，"政务智能办"共服务企业3762家，审批一次通过率超过98%。一些窗口工作人员表示："以前老担心没说清楚，又怕企业听不清楚，反反复复解释。现在好了，可以放心了！"

第二节 "政务智能办"改革的经验与启示

一、改革的创新点

第一，准确把握痛点、难点问题，精准施策。浦东新区以用户感知为导向，通过线上的用户评价、问题反馈和线下的调研、座谈等多种途径，广泛征求关于政府行政审批工作的意见。在调研的基础之上，浦东新区对相关意见进行深入分析，找出相关问题背后的症结和关键点，为后期的"政务智能办"的开发奠定了扎实的基础。

第二，自主研发"政务智能办"智能引擎，打造智能大脑。浦东新区在全国率先开展人工智能辅助审批研发和试点，通过人工智能识别、核心算法、知识图谱等技术，自主开发人工智能辅助审批系统，为"政务智能办"提供核心动力，获得了国家知识产权局授予的发明专利。通过智能化方式将人工阅读材料转变为人工智能阅读材料，人工判断转变为人工智能判断，避免了传统审批模式下因工作人员业务知识储备不足、对材料理解不全面等原因造成的低效和错误，实现审批结果一次提交、事项一次办成。

二、改革的启示

全面推进数字化转型是现代城市治理体系和治理能力现代化的必然要求。"政务智能办"有助于推进基本公共服务供给模式创新，加快新型智慧城市建设，打造一流数字基础设施，有助于纵深推进"放管服"改革，加快营造市场化、法治化、国际化营商环境，建设数字政府，将数字技术广泛应用于政府管理服务，推动政府治理流程再造和模式优化，不断提高决策科学性和政务服务的效率。具体而言，改革的价值在于以下三点。

第一，坚持以人民为中心，不断提升政务服务工作的人性化水平。传统线下审批依赖于人工办理，周转流程长，标准化程度不足，也增加了企业和政府之间的沟通成本。同时，在实施行政审批集中之后，一些窗口办理人员感觉不堪重负。无论是企业还是政府办事人员，对于审批工作的"获得感"都不强。浦东新区"政务智能办"改革坚持"人民城市人民建，人民城市为人民"的理念，以增强办事人员的获得感和满意度为出发点，体现了以人民为中心的工作特点和方向。

第二，积极主动拥抱新兴技术，为政府工作赋能。在大数据技术和人工智能技术兴起之初，浦东新区就给予高度关注。同时，浦东新区还根据自身工作的特点和需要，开发具有自主知识产权的政务智能引擎，探索技术赋能政府工作的路径，在数字政府建设工作上起到了积极引领的作用。

第三，从多元视角综合性看待数字政府的建设。"数字化技术"并不是包治百病的万能药方，要与政府管理实践相结合。提升政府的综合工作效能，必须从体制、机制、技术等多个角度综合施策。浦东新区在开发使用"政务智能办"过程中，不仅重视技术的开发利用，也注意政务服务流程的优化重塑，如推进"一业一证"改革。同时，浦东新区也注意促进不同改革举措之间的良性互动，以实现改革综合效能的全面提升。

第五章

数字孪生：黄浦区推进城市运行"一网统管"改革探索[1]

---

[1] 本章内容以对上海市黄浦区城运中心的调研为基础梳理形成，调研时间为2021年12月。

第五章 数字孪生：黄浦区推进城市运行"一网统管"改革探索

黄浦区是上海的中心城区，也是上海市政府办公所在的区。著名的南京路步行街、外滩、豫园都在这个区。2019年以来，黄浦区积极探索基于数字化体征的"数字孪生"，推进"一网统管"改革。

第一节 改革的动因分析

21世纪初，上海市进入高速发展阶段，在大规模基础设施建设之后，城市安全运行、部件损坏、乱张贴、垃圾倾倒等问题随之涌现，黄浦区对问题进行梳理并分析问题产生的原因，发现问题主要表现在四个方面：一是人民群众对美好生活的向往越来越高，期盼城市更美、更便利、更安全；二是市场主体的成分更加多元复杂；三是城市空间结构日益复杂，高楼林立，架空线、地铁管网错综繁杂；四是城市管理事部件的种类和数量激增。这些都导致城市服务、管理和治理的难度不断增加，也对城市管理提出了更高的要求。城市如何实现由建设向管理、治理转变，成为摆在城市治理者面前的一项重要课题。

一、以网格化管理方式提升城市管理效能

2005年，北京市东城区开始探索城市网格化管理新模式，并在全国得到推广应用。黄浦区积极响应，作为全国第一批试点区进行了创新性改革，以网格化、标准化、信息化等新的手段提升城市管理水平。通过建立75个网格，设置网格员，一人一格，有效推动市容市貌和城市部件的日常

巡查发现、派单、监督、结案、审核；率先采用智能手机和无线传输技术主动发现问题，形成工单上报；统一派单至相关责任部门进行处置，实现了数据流与业务流的结合，从"问题找上门"变成了"主动找问题""给自己找麻烦"，建立起了最初的城市新型管理模式。

二、推动力量下沉，夯实基层基础

黄浦区的城市网格化管理工作经过了多年的摸索和实践，又发现了许多城市管理问题。当时主要管理单元是区，处置力量是以条线部门为主，职责划分不清、标准不一，基层管理力量没有得到有效动员，管理的"事"和"人"脱节，处置效率、协同效率和信息化应用水平都比较低。

2015年，上海市委把"创新社会治理 加强基层建设"列为"一号课题"。黄浦区积极响应，全面推进第二轮重大体制改革，管理单元由原先的一个区细化成了10个街道，同时城管、市场、司法、绿化市容等管理力量和物资装备都下沉到街道，各个街道也成立了网格中心，配备了大屏和通信机制，从而建立起区街两级的协同机制，管理的重心也由区向街道延伸。同时，黄浦区进一步强化标准化建设，明确各个部门之间的职责，将整个城市的事部件进行了梳理，根据黄浦区地域文化和人口结构特点，在上海市城乡建设和交通委员会144个标准事部件的基础上，进一步扩展为174个事部件，细化拓展至260项管理小类，并将历史保护建筑、小微金融等具有明显黄浦特点的工作纳入日常网格化管理范围。

这一轮改革之后，整个城市管理水平全面提升，工单处理量快速上升到2000件/天，处置效率大大提升。当时黄浦区政府的电子政务发展水平也达到了一个新的高度，电子政务云、专业应用、各领域数据库、地理信息系统、网格化管理信息系统、政府信息公开系统等都得到了快速发展。

第五章 数字孪生：黄浦区推进城市运行"一网统管"改革探索

历经多年的发展，政府已经积累了庞大的管理数据，但是由于信息系统无序"生长"，数据碎片化问题日益严重。条线部门根据专业需求建立各自的闭环流程，划定各自的管理单元，云、网、端建设缺乏统筹规划，数据流和业务流割裂。由于数据标准不一、数据分裂等问题，各部门无法获取管理对象的完整数据信息，在运用数据时如同盲人摸象。上海于2018年成立了上海市大数据中心，黄浦区大数据中心也随之成立。

经过这两轮的改革，以及伴随着大数据中心的成立，城市管理要求也在迅猛发展，黄浦区作为上海的中心城区，面临运行安全、大客流、高空坠物、疫情防控等巨大挑战，如何更有效地解决问题，如何提升人民群众的获得感，如何更精细化地进行管理，客观上要求启动新一轮的改革。

第二节 改革的主要做法和举措

一、初步构建"一网统管"治理架构

2020年，时任上海市委书记提出加强"两张网"（"一网通办"和"一网统管"）建设，全面推进城市运行"一网统管"工作。黄浦区推行"一网统管"不是碎片化的，而是一体统筹考虑，地上地下都要管，做到"观管防"一体化；不是只局限于自身的业务领域，而是强调对象纵向管，现象横向管，并且全体系的数据都有序向社会进行开放。

2020年，黄浦区吹响"一网统管"建设的号角，运用人工智能、大数据、物联网、5G通信等前沿技术，着力建设"数联、物联、智联"三位一体的智慧黄浦综合运营指挥平台。智慧黄浦综合运营指挥平台相当于"城区大脑"，这个"城区大脑"是一个能感知、会思考、可进化、有温度的

有机体、智能体。只有大脑做强了，才能让城区这个有机体"手脚灵活、耳聪目明、血脉畅通"。平台聚焦"公共管理、公共安全、公共服务、营商环境"四大功能模块，集成视频通信、远程会议、态势感知、城区运行展示、应急联动指挥、大数据辅助决策等功能，接入公安11800多路高清视频探头，做到"观管防"有机统一，稳步提升城区管理和社会治理的科学化、精细化、智能化水平。

在机制体制方面，黄浦区将传统的政府工作模式以及权力关系进行重组，重建"一网统管"机制体制，以公安警务责任区为边界，划分30个综合网格，实现公安、市场等执法力量入格，进一步整合街道城运、综合执法、城建中心、居委干部、物业、第三方、综治维稳等多支队伍力量，率先完成"多格合一"。截至2022年3月，全区组建30个实体运作"警政协同"的城运工作站，相关队伍力量以常驻和派驻的方式开展联动，统筹各类应急保障物资、装备入站。实行双站长制度，整体配强站长力量，实现与公安警务区警长联动，形成"7×24"小时轮班机制。其中，瑞金二路街道、淮海中路街道、半淞园街道明确由公务员副科实职担任站长，创新站长配置机制；五里桥街道、瑞金二路街道创新实践，打造了城运工作站与党建站、警务站、消防站"多站合一"的新模式。

管理单元由街道缩至城运工作站，人员力量和物资装备就在人民群众身边，服务也离人民群众越来越近，处置效率越来越高，城市管理颗粒度越来越精细，以实现"高效处置一件事"的目标。比如噪声污染问题，文化娱乐场所发出的固定音源噪声问题由生态环境局负责，不明噪声来源问题由区公安局负责，居民区装修的噪声问题由街道属地管理，仅噪声污染的情形就达到十几种，每一种情形又是由不同的部门去进行管理。鉴于这类一事多责的情况，黄浦区厘清部门管理责任边界，避免推诿扯皮，推动各个部门责任标准化工作。

黄浦区进一步强化标准化建设，将事部件管理拓展到整个城市领域的

第五章　数字孪生：黄浦区推进城市运行"一网统管"改革探索

全域管理，涵盖经济发展、环境保护、安全管理、民生保障、社会服务、文化生活等城市治理的方方面面，梳理职责不清、职能交叉的城运事项，形成了646类1743项标准化、规范化的区街两级城运事项清单，在统一的网络和数据平台支撑下，全面提升标准化、数字化、精细化水平。

标准化的城运事项管理，也为智能派单创造了前提条件。所谓智能派单，就是为解决全区12345市民热线"工单理解难、权责复杂派单难以及工单办理难"的问题，通过智能化、信息化手段为基层赋能。如12345市民热线构建了"'一网统管'热线数据智能化应用系统"的热线知识库，通过对热线工单进行语义分析，结合优秀案例库、事项目录库对工单进行主责部门分析匹配，将匹配度最高的前三个处置部门推送给派单人员，同时将相关的派单依据（政策法规）一并推送给派单人员，为其提供助力。这就大大地缩短了工作人员从接单到派单的处理时间，大幅提高了工作效率与质量。在面向基层进行派单的同时，基于优秀案例库，将案件匹配度最高的前五个案例以及相对应的政策法规、处置方式等内容，也一并推送给基层处置人员，为基层处置赋能，使基层处置人员能够更好地借鉴过往的优秀经验，快速掌握工单处置能力。智能识别、精准派单以及赋能基层的数据化和智能化应用，不但缩短了工单办理时间，提升了办理效率，而且利用机器学习和深度学习对热线类数据进行归口分析，改变了以往主要借助经验或统计的传统模式，更符合热线工作业务复杂、涉及面广的特征。同时，基于全区自有数据归纳梳理形成的数据库，更加符合热线业务工作特点和需求，为基层热线办理精准赋能。比如，拖欠工资问题原本是由人力资源和社会保障局管理，但是如果智能派单系统根据语义识别是装修尾款拖欠，根据相关政策法规、优秀案例、业务规则及城运事项词典等，就会自动派单给住房和城乡建设管理委员会，提高智能派单的精准度。调研发现，截至2021年底，12345市民服务热线70%的工单都可以通过语音语义识别进行自动派单，准确率达到90%。

如何建设数字政府
——"一网通办""一网统管"的上海实践

面对如此庞大的业务数据和城运人员管理，急需一个能集成各类城运事项、及时响应、协同联动、高效处置的闭环管理平台，黄浦区就此开发建设了城运一体化协同工作平台。工作平台整合了城市运行管理全体勤务队伍力量、全域管理事项、全量城市部件、全部物资装备，面向实战管用，着力推进"多格合一"后的队伍整合和人才选配，打造能担当、有作为的城运团队，构建了城区智能管控体系，做好发现、派单、处置等各个环节的考核和监管，连通各城运系统，夯实城运管理案件数据底座。同时拓展人工发现和 AI、物联网智能发现等多种发现渠道，形成人机结合的发现机制，建立"大、中、小"屏的联动模式，实现案件全流程闭环管理，跨部门、跨领域联勤联动、高效处置。

黄浦区城运中心充分发挥区级枢纽和综合平台作用，强化"观、管、防、联、处"功能，不断打造成为区委区政府指挥和辅助决策研判的大数据应用平台、区城市日常管理联勤联动和应急响应指挥平台、值班值守调度和风险研判预警的平台。按照"平、战"两条主线，分层分类建立指挥体系，建立"平、急、特"工作模式，高效做好重大节日、重要节点、重大任务、极端天气等值班值守工作。日常工作依托区总值班室、区应急局、区消防救援支队，形成"1+1+1"联合值班值守模式，"7×24"小时365天全天候、全时段、全领域承接市城运中心的值班值守、应急处置、预警预判的职能。如遇突发事件和自然灾害时，启动"4个1+X"（就是管理应急局、消防、公安、城运中心4个核心部门，X 就是行业主管部门、街道、风景办、区属企业以及第三方力量）应急联动模式，形成全区统一指挥、及时响应、快速处置机制。

二、面向实战管用，打造标杆性应用场景

"一网统管"建设坚持"应用为要、管用为王"的价值取向，成效如何

第五章　数字孪生：黄浦区推进城市运行"一网统管"改革探索

关键还是看实际运用，靠实战检验。应用场景是体现"应用为要、管用为王"的重要载体。黄浦区区域面积虽然不大，但是人口多、密度高、区位敏感。南京路步行街全年游客数量超过2亿人次，旅游景点多、商务楼宇多、商场市场多、老旧小区多、建设工地多，各类安全隐患风险点多，各方面情形相互交织、错综复杂，城区安全运行的基础薄弱。这些都是城区精细化管理的顽症、难点，也是管理者面对的巨大挑战。在全面推进"一网统管"机制体制改革后，如何应对挑战？黄浦区运用数字技术，坚持需求导向、问题导向、效果导向，结合自身特色和实际需求，建成一批综合联动指挥、大客流管控、店招店牌、玻璃幕墙高坠管理等示范性、引领性的应用场景，牢牢守住安全底线。比如，开发建设客流管控应用场景，对外滩、南京路步行街、豫园、田子坊、新天地等区域人流进行实时监测。通过客流眼、LBS技术，监测客流数量、流向、密度。通过数字化赋能，实现大客流全过程、全周期管控。聚焦"中华商业第一街"南京东路，通过数字化管控，应用数字人像技术，将虚拟数字的人和物1∶1还原到现实中，投射到黄浦区的电子地图上，精准定位。同时，对应人流量制定了四个等级的应急预案，一旦实时人流数达到设定阈值，就启动相应等级预案，多部门联动，采取相应的预警措施疏散人群，确保安全。在2021年上海"永远跟党走"主题光影秀期间，市民游客观影热情极度高涨，每天下午四五点钟人群从各个方向不断涌入外滩区域，并且聚集在亲水平台等候，即便7月3日突降暴雨，人群仍然络绎不绝，7月4日外滩亲水平台瞬时人流创纪录达到11.7万人，创下历史新高。市领导每天坐镇城运中心，通过"一网统管"平台统筹协调指挥，全市公安、市容、气象、轨交、电力等各个部门通力配合，黄浦区各部门、街道和企业集团各司其职，加强重点道路、人群密集场所的客流车流监测管控，紧盯客流变化，预警研判可能发生的各类突发情况，做好应对措施，共同守护城市的安全稳定。

除了大客流风险管控，高空坠物也是群众反映强烈的问题。如何守护"头顶上"安全，是城市治理的难点。一方面，黄浦区开发了店招店牌、玻璃幕墙应用场景，分别接入全区所有幕墙数据和"一店一档"数据库，并对每块店招店牌综合评估，科学分类定级，实行分级分类管理。另一方面，通过数据分析研判，建立风险隐患提前预警机制，通过汇集各个条线的日常巡查记录、保修记录、专项排查记录280余万条，运用非标准化数据在同一标准下有效汇集的技术手段，甄别出高坠高频案件，确定隐患点位，最终形成隐患点位报告，绘制风险点位地图。街道和部门拿着预检报告，实施销账管理，开展逐个排查，排除隐患，提前布防，提升数字化"治未病"能力。如遇突发事件，通过"一网统管"平台"综合联动"应用场景，可以将突发事件地址精准定位。一键启动，即可调取事件周边的视频监控，及时查看现场的情况以及周边设施、物资、人员力量，通过融合通信，直接在大厅与现场处置事件的相关人员通话，进行指挥。

2019年以来，黄浦区持续加强公共安全业务场景建设，全面、准确掌握全区风险隐患存在情况，极大地提高了跨部门城区综合管理工作效率，为城区日常管理和突发公共事件的监测预警、综合联动处置、预案管理提供技术支撑手段，最大程度减少突发公共事件造成的直接经济损失和人民生命财产损失，控制、减轻和消除突发事件引起的社会危害严重性。

三、挖掘数据价值，实现主动预判，做到更好地"防"

"观"和"管"大多还是被动形式的治理，基本是等问题发生了再去处置，按照"一网统管""观全面、管到位、防见效"的要求，最好的城市治理是在问题发生之前就已消除隐患，这就是"防"，即在问题未发生时，

第五章 数字孪生：黄浦区推进城市运行"一网统管"改革探索

主动跨前去解决存在的风险隐患，做到"治未病、防未然"。黄浦区通过海量城市管理数据的智能分析研判，提前预警城市运行风险隐患，推动实现从"被动管"向"主动防"转变。如通过对2017年至2021年的500余万条网格管理、热线工单、日常巡查等数据进行智能分析和开发利用，聚焦防汛防台、防寒防冻、市容市貌等城区管理重点工作，锁定风险隐患，并将风险警示信息投射到数字地图，形成"智能热搜词"及"热力山峰图"，并形成安全隐患数据分析报告，发送至各街道及相关责任部门，从而为一线力量提前排查、主动处置、排除隐患、物资配备等各环节提供数据支撑。比如，在2020年第一场台风来临之前，黄浦区通过数据分析精准预测所有积水隐患点，提前清查垃圾，疏通下水管道，并派驻应急队伍，实现了台风过境积水点零积水。在2021年7月下旬应对台风"烟花""灿都"过程中，通过气象先知系统实时掌握台风发展态势，提前做好重点点位的隐患排查处置，实现了台风过境期间道路零积水。在2021年初寒潮来临前，全区各物业单位根据隐患分析报告，提前检查处置各类报修6000多件，使寒潮期间黄浦区收到的市民服务热线工单仅有37件。2021年8月11日中午，上海遭遇短时强降雨侵袭，造成区域内部分路段短时积水。而道路积水隐患点位中只有两处积水不在隐患点位分析报告中，其余积水路段均没有出现积水，并且，两处积水点通过及时发现、快速响应、协同联动闭环管理，短时间内了清除道路积水。

人民满意不满意、幸福不幸福是城区管理的目标。黄浦区全面践行以人民为中心的发展思想，提升城市管理温度。黄浦区不断摸索和实践，进一步将12345市民服务热线满意度数据转化为经济发展、环境保护、安全管理、民生保障、社会服务、文化生活六大类市民幸福指数。开发市民满意度专项数据分析平台，用满意度数据对城区"健康"和政府工作进行"体检"，研究分析全区城市健康运行体征，找出顽症痛点和工作短板，对症下药、精准施策，达到"治未病"效果。同时，开发热线满意度绩效象限分析图，对全区各项工作进行研判、创新提出城区顽症病灶点概念，抓准引发市民困扰的问题点，精准定位、预测预警，为各部门、街道找服务中的短板，为实战赋能，实现被动管向主动防的转变。

四、打造"最小管理单元"，全力提升黄浦区城市治理数字化水平

什么是最小管理单元？在哪？怎么治？怎么管？围绕这些问题，2021年起，黄浦区不断探索实践。黄浦区政府提出"城有千万楼，楼是最小城"，将城市里一栋栋建筑、楼宇，每一个市场主体，作为最小管理单元。简言之，就是城市管理的最精细颗粒。

纵观黄浦区区情，面积20万平方公里（去除水域面积仅18余万平方公里）共有1万多个住宅、商铺和学校。城市管理80%以上的问题都是在这些管理对象内部发生的。这"最后一公里"难的问题困扰着黄浦区。如何落实市场主体责任、如何激发市场主体积极性、如何让管理和服务相结合、如何更人性化地预防和处置风险等一系列问题，需要黄浦区在实践中寻求破解之道。

2021年，黄浦区在南京大楼、田子坊、春江小区开展了最小管理单元的试点工作，具体举措如下：首先梳理政府和市场主体间的责任边界，落实政府监管责任和市场主体责任。其次运用大数据、物联感知、人工智能、5G等信息化手段，安装各类感知设备，建立多渠道的发现机制，在市场主体落实自身岗位职责基础上，联动政府日常管理、应急管理、政府服务，形成个人岗位闭环、市场主体闭环、城运日常管理闭环、应急处置闭环和"两网"（"一网统管"和"一网通办"）融合闭环的五级闭环新机制，实现"最后一公里"的城区治理数字化。

第五章　数字孪生：黄浦区推进城市运行"一网统管"改革探索

（一）试点一：南京大楼

华为旗舰店所在的南京大楼是一栋历史保护建筑，又是单一市场主体的楼宇。黄浦区选取南京大楼作为首个城市最小管理单元进行数字治理试点，聚焦经营场所安全、优秀历史建筑保护等应用场景，融合华为云、大数据、AI、边缘计算、5G等技术，打造一个城市智能体数字孪生创新场景。南京大楼位于南京东路东拓段，地下空间及管线复杂，是全市公共安全风险管控的重点区域。通过空间地理数据、大楼图纸、建筑效果图等资料，对大楼和周边进行超精细建模，利用3D渲染引擎实现了大楼外观、内部结构和周边街道的视觉还原。通过接入政府业务数据、专业机构数据、物联感知数据、门店管理数据、环境数据等多维实时动态数据，让大楼"活"起来，实现了等比例的大楼数字孪生，从生命体和有机体的视角对大楼进行感知和管理，直观清晰发现大楼存在的显性及隐性问题，实现城市运行管理的实时预判、实时发现和实时处置。如果发生坠物事件，保安可通过系统一键上报区城运中心平台，区城运中心平台接到信息后，可以第一时间与现场保安通话，并启动相应闭环处置流程。

（二）试点二：田子坊景区

田子坊集旅游景区、文创园区、弄堂社区为一体，结构复杂、人员复杂、业态复杂。该地区的房屋均建于20世纪二三十年代，共有建筑154幢，商户300多家。弄堂都非常狭小，最宽的也就4米，最窄的不到2米。消防隐患、房屋老旧、反复装修、巨量客流带来的管理难题近年来愈发凸显。鉴于此，近几年来，黄浦区开展了一系列数字化治理改造。比如，布设8个客流眼，实时感知区域人流，如超过预警人数，随即启动大客流管控预案；安装320余处电子烟感、9处电器灭弧设备，及时发现和消除火灾隐患；安装房屋绕梁仪监测倾斜度，沉降仪用于监测沉降度，保障房屋结构安全；通过视频巡查及时发现异常情形，及时上报突发事件，启动应急处置预案。在数字治理过程中，市场主体参与是非常重要的。田子坊改变了以往由政府包揽设备改造和维护投入的做法，通过与经营商户签订《数字治理使用及服务协议》，明确商户的安全主体责任，积极引导商户参与地区治理。很多商户一开始不愿意安装智能安防设备，觉得几千、上万元的投入没必要。政府通过宣传解释、以案说法，让商户明白数字化改造是对自身利益的保护。同时，商户可以选择购买或者租赁这些智能安防设备，实现了数字化改造的成本分担。到2022年初，已经有100多个商户签署协议，与政府管理形成衔接，在消防安全、客流管控、疫情防控等领域发挥实效。这个最小管理单元改革试点凸显政府不是单打独斗，而是让更多的中小型企业和居民都参与进来，形成共建共治共享模式。

（三）试点三：春江小区

春江小区是一个具有40多年历史的直管公房小区，居民以独居、高龄老人为主，小区存在公共设施老旧，楼道堆放杂物、占用消防通道、违法搭建、高空抛物等问题。黄浦区以这个小区为试点，探索老旧小区的数字化改造。一是实施智能水表改造，街道和居委会可以通过后台应用程序场景，从水表数据变化了解老人的用水情况，一旦发生异常（独居老人万一在家跌倒、昏迷后长时间没有用水等），居委会可以第一时间得到信息，从而为老年居民建起一道安全屏障；二是在小区车棚安装智能充电桩，其具备自动断电系统、火警系统、冲淋系统，以保障电瓶车充电与停放的安全；三是布设高、中、低全面覆盖的智能化高空摄像头，一旦出现高空坠物，物业便能第一时间收到手机App上的警报，通过查看视频录像回放，可以快速锁定抛物行为人并开展后续处置。

上述三个最小管理单元改革探索，分别代表了企业、社会、社区三种类型，都取得了显著成效。

第五章 数字孪生：黄浦区推进城市运行"一网统管"改革探索

第三节 改革的经验与启示

总体而言，黄浦区坚决贯彻上海市委、市政府数字政府、数字治理的决策部署，强调管是政府管，治是全社会共治，探索全社会共治共享新路径。试点改革的核心意义就在于厘清政府和各类治理主体间的分工和职责，在落实市场主体责任的同时强化政府的监管责任，不断深化政府、社会与市场的相互协作、良性互动。黄浦区从一栋楼，再到一个居民小区、一个风景区，未来还会延伸到"渔阳里"这类完整的社区，以城市智能体实现城市的数字孪生，不断推动城市治理越来越精细化，越来越贴近普通民众的诉求和基层管理的需求，形成了可复制、可推广的路径。同时，数字治理离不开广大市场主体的参与。这就要构建规范的应用市场，使各类科技化、信息化中小企业在标准的大环境下参与社会治理。同时，政府侧也需要夯实统一技术标准、业务标准的数字治理底座，吸引市场各类主体参与，从而实现政府侧和市场侧的数据安全交互，使数据流规范运行下产生更为规范的业务流，推动实现政府和市场主体的联动。通过夯实数字底座和构建开放应用市场，让所有的数字治理企业融入，能够带动产业活力，推动数字经济、数字产业的蓬勃发展，并丰富群众的数字生活，让每一个企业和个人都能参与城市共建共治共享。

城市数字化转型是整体性的转变、全方位的赋能、革命性的重塑，不是一般意义上的信息化，也不是单纯的技术手段迭代，而是通过充分释放数字化蕴含的巨大能量，提升城市的运行效率、配置效率和产出效率。黄浦区在近年的探索实践中也体会到，治理数字化转型是一个动态的过程，是开放的巨复杂系统。治理数字化转型以大数据深度运用为驱动，倒逼城市管理手段、管理模式、管理理念的深刻变革，引领生产生活方式和思维

如何建设数字政府
——"一网通办""一网统管"的上海实践

模式全面创新。只有做到不断发掘需求、满足需求的动态循环，才能不断地迭代升级应用。这个过程既要靠政府推动，也要有社会、市场的发现机制和参与机制，需要鼓励创新、拥抱变革，真正让城市更聪明、更智慧、更有温度，真正实现"人民城市人民建，人民城市为人民"。

城市最小管理单元数字治理正处于深化拓展阶段，在"两网"融合的大背景下，黄浦区正在积极探索管理平台与"一网通办"政务服务平台的衔接，建构数字治理的基本构架。同时，将数字治理与数字经济、数字生活紧密结合，相互促进，也能够推动上海市数字化转型，为全面提升上海市城市治理数字化、精细化、智能化、现代化水平提供经验和借鉴。

第六章

打造24小时『不打烊』的数字政府：徐汇区探索『两网融合融通』路径①

---

① 本章根据对徐汇区城运中心、行政服务中心、大数据中心的访谈形成，访谈时间为2022年11月。

第六章　打造 24 小时"不打烊"的数字政府：徐汇区探索"两网融合融通"路径

徐汇区是上海市的中心城区，是上海市委办公地点所在的区。徐家汇、武康大楼、徐汇滨江等都在这个区。近年来，徐汇区政府致力于打造 24 小时"不打烊"的数字政府，探索政务服务"一网通办"和城区治理"一网统管"相融通的城市治理现代化路径。

第一节　改革的总体概况

一、实施背景

党中央、国务院把数字政府建设作为完善国家行政体制、创新行政管理和服务方式的关键举措，推动我国政府实现从办公自动化、政府上网工程、电子政务到数字政府的深化演进。提高数字政府建设水平，推动政府治理流程再造和模式优化，是发展数字经济和建设数字社会的基础性和先导性工程，是优化和创新营商环境的重要抓手和引擎。

聚焦管理与服务两大城市职能，上海市坚持从群众需求和城市治理突出问题出发，围绕"高效办成一件事""高效处置一件事"，大力推进政务服务"一网通办"、城市运行"一网统管"。作为城市治理的关键抓手和城市数字化转型的重要构成，"一网通办"与"一网统管"在领导机制、基础设施、数据治理、场景应用等方面相互融会、彼此赋能，推动超大城市的社会治理由人力密集型向人机交互型转变，由经验判断型向数据分析型转变，由被动处置型向主动发现型转变，市民群众和市场主体的获得感和满意度显著提升，使超大城市运行更高效、服务更温情。

如何建设数字政府
——"一网通办""一网统管"的上海实践

徐汇区作为国家"互联网+政务服务"示范区和上海"一网统管"先行区，坚决贯彻落实国家建设数字政府与一体化政务服务平台的决策部署，严格按照上海市委、市政府"数字政府"改革要求，坚持整体性转变、全方位赋能、革命性重塑，初步建立数据驱动协同应用的政府运行模式，形成"一网通办""一网统管"相辅相成、融合创新的发展格局，努力探索符合超大城市中心城区特点和规律的"敏捷治理"新路径。

二、改革的整体设计

徐汇区坚持"以人为本、整体政府、智慧治理"，锚定"一梁四柱"整体架构，聚焦"高效办成一件事""高效处置一件事"，从群众、企业的实际需求和城市治理的突出问题出发，统筹推动资源整合、流程再造、职能优化，打造了"服务+治理"24小时"不打烊"的政府治理和服务范式。

徐汇区率先提出"打响'一网通办'服务品牌、做优'一窗办成'服务体验"的目标思路，全面对接上海市"一梁四柱"架构（"一梁"即"一网通办"统一受理平台，"四柱"即统一身份认证、统一总客服、统一公共支付和统一物流快递），以"高效办成一件事"为目标，形成了"指尖上、家门口、一体化"的工作体系，打造规模化24小时自助政务服务，实现"进一网、能通办，来一窗、能办成"。

徐汇区制定了"六个先行"（理念先行、体制先行、体系先行、技术先行、实战先行、队伍先行）整体工作方案，形成区级城市运行"一梁四柱"平台架构："一梁"即构建统一的区级实战平台，打造集专业研判、高效协同、综合决策于一体的城市运维"决策舱"；"四柱"即深化大民生、大市场、大建管、大平安四大城市治理领域的应用，构建了"一屏观天下、一网管全城、一云汇数据、一人通全岗"的城市治理体系。

第六章　打造24小时"不打烊"的数字政府：徐汇区探索"两网融合融通"路径

第二节　改革的主要做法

一、改革的主要历程

从时间轴来看，徐汇区24小时"不打烊"政府建设共历经了三个阶段性节点，实现了从1.0版到2.0版再到3.0版的跨越。

（一）第一阶段：2014—2015年，徐汇区开启了24小时"不打烊"政府1.0版建设

为从整体上加快转变政府职能，深化行政审批制度改革，创新管理方式，徐汇区打破陈旧观念和条线分割、各自为政的传统方式，正式启动徐汇区行政服务中心、徐汇区城市网格化综合管理中心建设，并列入当年区政府实事项目。2015年5月，位于南宁路969号的徐汇区行政服务中心、徐汇区城市网格化综合管理中心正式建成运行，基本建成了服务中心+网格中心（城市综合管理中心）"两位一体"的徐汇区24小时"不打烊"政府。

1.0版的徐汇区行政服务中心整合了26个职能部门、145个业务窗口、440项审批和服务事项，实现了从无到有，以及空间上的集聚，并在行政审批改革、网上行政大厅建设等方面有较大突破。2015年，徐汇区成功列入国家"互联网+政务服务"示范区，并且是全国16家中唯一的区级政府。

1.0版的徐汇区城市网格化综合管理中心整合了1个中心机房，62个业务系统，12个业务专网，构建"1+13+X"管理体系（1是指1个区级管理平台，13是13个区级管理平台，X是若干个工作站），采用"天上有

云、地上有格、格中有人、人能管事、事皆有序、序后评估"的管理标准，工作时段率先实现"7×24"（一周7天，一天24小时）全天候、全时段覆盖。

（二）第二阶段：2018—2020年，徐汇区开展24小时"不打烊"政府2.0版建设

2018年成立徐汇区大数据中心，之后陆续完成徐汇区行政服务中心2.0版和城市网格化综合管理中心2.0版升级改造，这也标志着徐汇区成为上海市首个采用行政服务中心、城市网格化综合管理中心和大数据中心"三位一体"运行模式的机构，同时也意味着徐汇区进入24小时"不打烊"政府建设全面提升和深化阶段。

2018年5月，徐汇区为进一步夯实体制机制保障，增强改革合力和提升改革实效，构筑有利于实现"一网通办"、智慧政府建设的数据支撑，正式揭牌成立"徐汇区大数据中心"。徐汇区大数据中心全面对接上海市大数据中心，整合构建政务大数据共享交换体系，加强全区数据的集约化和安全化管理，通过政务数据的汇聚、治理、开放、应用等方面推动政府建设。同时，大数据中心作为区行政服务中心以及区网格化综合管理中心的"后台"支撑，它利用大数据、物联网、云计算、人工智能等新一代信息技术，推动技术、业务和数据融合，加快推进24小时"不打烊"政府建设。

2018年11月，徐汇区行政服务中心正式启动2.0版升级工作。为进一步解决群众办事要跑多个窗的问题，把83个部门专窗压缩为18个办事综合窗口，推动综合窗口改革，构建"一窗式"政务服务。

在综合窗口改革的基础上，为解决群众下班、政府也下班的问题，徐汇区推出24小时"不打烊"政务服务。2018年10月，徐汇区行政服务中心24小时自助服务大厅建成运行，共配备24台自助办理工作台、2台政

第六章　打造24小时"不打烊"的数字政府：徐汇区探索"两网融合融通"路径

务服务自助终端设备，提供办事查询、办事预约、人证核验、自助申报等服务，彻底解决了"时间矛盾""预约排队""窗口压力"等问题。徐汇区在全国首创了规模化24小时自助政务服务的案例，2019年作为上海"一网通办"的典范案例进入中共中央党校（国家行政学院）课堂，自助政务服务终端成为中共中央党校（国家行政学院）的实物教具。截至2021年7月，共布设33个自助服务点68台自助设备，提供33个部门761项政务服务事项"不打烊"办理。

2020年徐汇区全力打响"一网统管"先行区品牌，围绕"一屏观天下、一网管全城、一云汇数据、一人通全岗"的城市治理目标愿景，在全市率先建成了纵向到底、横向到边的四级网格化综合管理体系，构建"一梁四柱"工作平台，以城市云脑为梁，以大平安、大建管、大市场、大民生四大城市治理领域的深化应用为柱，共梳理了近百项实时、动态的城市体征。2020年底，正式建成区城运中心，并发布"一网统管"3.0版。

（三）第三阶段：2021年，徐汇区全面进入24小时"不打烊"政府3.0版建设

区城市运行管理中心、区行政服务中心、区大数据中心"三位一体"融合发展，进入"服务+治理"24小时"不打烊"政府创新发展和融合联动阶段。

这一阶段以技术侧放大数据要素驱动力和制度侧强化组织协同凝聚力为两个着力点，以场景融合应用为关键，全面运用数字技术手段赋能增智，制度倒逼组织协同再造，强化实战导向，进一步融合"服务+治理"功能的开发，既能为基层服务所用，亦能应用于基层治理的实战场景，将"服务+治理"的技术、数据、应用以及背后的运行机制进行有序对接、封装成为群众可体验的、完整的"产品"，做到在服务中实施管理、在管理中体现服务。

二、改革的成效

徐汇区围绕提升治理能力现代化水平，注重制度创新，夯实基层基础，持续推进两大治理服务体系建设，取得了积极成效。政务服务方面，紧扣企业群众感受度，"一网通办"的线上速度与"一窗办成"的线下温度相结合，群众满意度高达 99.97%。"一网通办"和"一窗办成"成为徐汇区打造最优营商环境的"金字招牌"。城区治理方面，深化区和街镇两级城运中心建设，加快完善"一网统管"运行管理体系，突出实战管用、基层爱用、群众受用，做到全域感知、全息智研、全程协同、全时响应，及时发现和快速处置城市管理中的各类问题，连续多年在上海全市考核中保持前三。推出平安指数等一批重点应用场景，精准救助应用场景获得国务院第七次大督查通报表扬，统一应用移动端"汇治理"成为全市的响亮品牌。

（一）全域感知，实现从"单点"到"多点"的空间拓展

为提升城市运行管理效能，全方位感知群众诉求，徐汇区不断拓展智能感知覆盖范围。推进物联感知终端的全域覆盖，发挥边缘计算在城区节点 24 小时不间断数据采集和问题感知的能力。

案例应用

徐汇区有序推进部署各类智能感知基础设施，不断完善空间"全域覆盖"的物联感知体系，满足城市运行感知、监测、预警等需求，智慧化实现对城区运行状态 24 小时不间断的实时感知。

集约部署物联感知，泛在感知全域覆盖。到 2022 年 6 月，通过汇聚全区包含电表监测、电弧灭弧、烟感、垃圾满溢、裂缝监

第六章 打造 24 小时"不打烊"的数字政府：徐汇区探索"两网融合融通"路径

测、门禁、倾斜监测、液位监测等 40 种类型、11014 个物联感知设备，归集 10848 个门禁设备数据，同时不断加大设备排摸和接入力度，实现城市体征全域、全量的泛在感知，切实提升对各类事件的智能化主动发现能力，实现对城区运行状态 24 小时不间断的实时感知。

案例应用

徐汇区不断完善 24 小时政务服务体系，拓展自助端功能，全面形成窗口端、PC 端、移动端、自助端等线上线下"多端"融合的政务服务新模式，为群众办事提供更多的办事渠道和服务方式。

延伸网点拓展功能，完善全域服务体系。到 2022 年 6 月，建立"1+13+X"的服务体系，即 1 个区中心，13 个街镇事务受理服务中心和徐家汇商圈、漕河泾园区、建设银行网点、中国邮政网点等 29 个自助服务点，配置 68 台自助服务终端，可直接办理 761 项政务服务事项。推进政务公开与政务服务平台、渠道之间的融合，在自助终端上嵌入"政务公开"模块。申办者可实现信息查询，以及政府信息公开申请表的一键下载和在线填写，拍照上传身份证件，完成在线受理。

（二）全息智研，实现从"人工"到"人机"的方式重塑

徐汇区在统一数据标准规范基础上，开展数据治理，加强智慧研判，推进人工智能算法模型的应用，打造管理规范、技术先进、研判精准的"24 小时智能发现"模式，借助 AI 技术实现全区域、全时段、全流程的延伸服务，使市民真正享受来自屏幕上、指尖下"24 小时不打烊"的"优服务"，大大提升市民的满意度。

如何建设数字政府
——"一网通办""一网统管"的上海实践

> **案例应用**

徐汇区启用"人工+智能"巡查模式,通过升级5G智能巡逻车内部车载硬件和后台算法模型,实现24小时智能、高效发现问题。

徐汇区以"实战"为核心升级5G智能巡查车,搭配360°云台和全景摄像头以及厘米级北斗定位系统,构建"千里眼"。搭载高性能边缘计算服务器及AI算法模型,形成"智脑",无人机布防系统及移动指挥通信系统让巡查车对问题进行精准现场处置和资源调用。2021年底,5G智能巡查车日均发现事件数达600多件,识别的街面问题达到19类,包括店铺非规范装修、非机动车乱停放、暴露垃圾等街面管理类问题,识别准确率可达80%以上。实践证明,实现"7×24"小时智能化的方式能够主动发现问题,提高城市管理问题发现和解决效率,提升城市管理的智慧化水平。

> **案例应用**

徐汇区在"建筑工地夜间施工作业审批"全程网办的基础上,通过人工智能再次优化,更好实现该事项的全流程24小时无人工干预审批。

为给企业群众办事提供智能咨询、智能引导、智能递送、智能预审等24小时自助服务,徐汇区生态环境局率先探索"建筑工地夜间施工作业审批"事项"无人干预自动办理",首批12个污染防治水平高的建筑工地享受了"7×24"小时无人工干预审批带来的便利。原本夜间施工办理需要到窗口递交申请表,到安质监站开具证明材料,3个工作日办结,现在通过"证照分离"改革,借助人工智能手段,以机器的智能审核替代人工审批,从材料审查、条件审核、受理收件、批文拟定、制证签发许可证,整个过程均由智能审批系统

第六章　打造 24 小时"不打烊"的数字政府：徐汇区探索"两网融合融通"路径

自动操作，当即申请当即完成审批，真正实现"全程自助办""秒批秒办"，同时也减轻了工作人员的审核压力，推动政务服务从"人工"到"人机"的跨越。

（三）全程协同，实现从"单向"到"多向"的流程变革

徐汇区以技术赋能、问题导向，持续推进跨部门、跨层级、跨区域的融合运行体系建设，优化协同处置流程，强化联勤联动机制。截至 2022 年底，采用集中式控制管理派单流程，集成 96 个派单系统，加快驱动业务流程 24 小时交互贯穿、数据信息共享融合、人员处置协同联动，加强改革系统集成，稳步提升 24 小时实时在线服务能级，实现城市管理与服务的无缝衔接。

> **案例应用**

徐汇区通过搭建城市运行管理事件中心，实现 24 小时智能派单，推动跨部门、跨领域、跨层级的业务流程再造，实现城市管理问题发现、派单、处置闭环的全天候无缝连接、多部门协同响应、全流程灵活重塑，做到实战管用。

集成全区 96 个派单系统，以"高频＋综合"为标准接入事件中心，最大效率地积累有效数据、优化系统功能，清晰准确定义事项及权责，从派单到部门转变至精准派单到个人，推动从手动派单逐步过渡到自动派单，实现 24 小时智能分发、精准到人。根据事件处置难易程度，进行分类、分层派单，简单易处事件进行自动派单、单兵作战、快速处置，复杂疑难事件开展跨部门、跨条线、跨层级协同处置，探索性打造 24 小时协同响应、高效处置的闭环流程。

> **案例应用**

徐汇区以"高效办成一件事"为目标，围绕最大限度精简办事

如何建设数字政府
——"一网通办""一网统管"的上海实践

程序、减少办事环节、缩短办理时限的要求，从用户视角和需求出发，打破部门边界和点对点、一对一的业务流转模式，通过整合优化再造部门间审批事项业务流程，推进"条条协同"，实现一对多的服务模式，形成"高效办成一件事"24小时自助办理和窗口办理高度融合的服务新格局。

徐汇区将"一件事"试点从重点行业新设环节向所有企业变更事项拓展，在已实现"开办饭店""开办咖啡店""开办饮品店"等30个主题"一件事"的基础上，2020年选取了14个用户关注度高、获得感强的"一件事"，推进线上线下一体化办理，行政审批事项承诺时限比法定时限平均减少70%，提交材料平均减少56%，82个事项、134种情形实现零材料提交。其中，"开办饭店"事项作为全市试点，审批材料从34份减少到8份，跑动次数由8次减到1次，办结时限从45个工作日减至7个工作日。

（四）全时响应，实现从"有限"到"无限"的时间跨越

以"让群众满意"为目标，徐汇区构建"全时覆盖、实时流转、限时处置、及时联动"的工作流程，充分利用全区各类视频资源，24小时"不间断"守护城市，同时实行24小时365天"不打烊"自助服务，全时段、全天候为市民提供方便、快捷的办事渠道，提高响应速度和处理效率，倒逼管理服务水平的提升。

> **案例应用**

徐汇区充分利用全区各类视频资源，通过部署视觉中枢配置集成各类算法，实现从"看得见""看得清"到"看得懂""认得出"的跨越式升级，有效填补"7×8"小时办公时间外的管理盲点，24小时"呵护城市"。

第六章　打造 24 小时"不打烊"的数字政府：徐汇区探索"两网融合融通"路径

徐汇区结合城市治理痛点和各部门实际需求，充分利用全区各类视频资源，建设视觉中枢，利用人脸识别、行为识别、车辆识别等多维感知能力，实现人群聚集、徘徊监测、积水监测、垃圾识别等多场景智能识别，赋能不同场景、事件与任务，如校园周边安全管理、街道公共安全管理、夜间小区管理等场景，做到 24 小时智能发现、及时推送、高效联动，增强 24 小时昼夜相接的闭环处置能力，实现"全天候、全业务、全覆盖、秒发现"。

案例应用

徐汇区深入贯彻落实"放管服"改革，在 24 小时自助服务中，持续推进递交材料和办事时限"双减半"，全面推行电子证照，开展电子亮证，全力打造智慧政务线上＋线下服务的新模式。

徐汇区依托上海市电子证照库、"随申办"App 后端统一接口支撑，实现证照数据汇聚、共享及互信互认，采用二维码核验、电子印章等多重数字防伪技术，随时按需调用，杜绝假证、伪证，避免了纸质证书携带难、保管难、识别难等问题。市民凭借有效身份证件，通过 24 小时政务服务自助终端机上的电子亮证设备，扫码即可办理相关业务，真正实现政务服务从"能办"向"好办"的转变。到 2021 年底，全区有 761 项"一网通办"业务可以通过终端机实现 24 小时在线办理或申请，如办理学籍档案查询、出境入境记录查询、婚姻登记档案查询等自助查档和居住证卡面信息更新，就医记录册申领、更补以及电子证照打印服务，最大限度减少群众往返次数、缩短等候时长，努力做到"让数据多跑路，市民少跑腿"，让更多企业和群众享受到无人政务大厅带来的便捷。

第三节　改革的经验与启示

一、改革的经验

（一）以体系融合创新为保障

徐汇区进一步打破部门壁垒和条块藩篱，形成顺畅的跨部门、跨层级、跨区域运行体系，在全市首创区城运中心、区行政服务中心、区大数据中心"三位一体"运行模式。加快创新机制体制、建立健全保障体系、持续深化服务体系，实现区行政服务中心、区城运中心在前端推进"数字政务"改革和"数字城区"治理创新，区大数据中心在后端推动"数字底座"基本建设，有效提升城市现代化治理能力。

在空间覆盖上，集约部署物联网平台，统一归集物联网数据，构建泛在感知网络体系，实现"万物互联、泛在感知、智能发现、实时报警"；依托现有载体建立自助政务服务驿站，搭建起全域化线上线下全方位覆盖的政务服务网络体系，建立15分钟政务服务圈，力争服务触达"最后一公里"。

在时间管理上，建设统一数据库，海量归集政府和社会的各方数据并集中治理，实现系统和数据资源的"大流通"，不断迭代优化数字要素支撑24小时治理及服务模型，打破政府部门固定"上下班"时间，实现365天全天候、全时段、"不打烊"的政务服务。

在改革创新上，把政务服务与城市治理进行通盘考虑、系统布局、同步实施，通过对政务数据的深度治理和共享应用，积极推动"服务＋治理"的相互融合与双向赋能，政府的服务内容和服务深度迈向新台阶。

在体系设计上，依托徐汇区行政服务中心、城运中心、大数据中心的"三位一体"运行模式，进一步推动体制创新，将政务服务与城区治理的相

第六章　打造24小时"不打烊"的数字政府：徐汇区探索"两网融合融通"路径

关机制互相嵌套嵌入，充实"服务+治理"内涵，加快推动制度优势转化为治理效能，推动服务与治理相互赋能、相互融合，整体推进治理数字化转型，整体建设数字政府。

（二）以业务闭环协同驱动

徐汇区积极推进"服务+治理"的双向联动，重塑数字政府运行业务流程。以"建筑工地夜间施工作业审批"事项"无人干预自动办理"审批为例，将审批结果数据流转至管理部门，管理部门利用部署的5G智能巡逻车实现"7×24"城区运行情况的实时感知，将精准获取到的夜间施工工地扬尘、噪声、废水等异常数据，分别实时推送至审批部门和管理部门。审批部门根据建筑工地评分管理模块中的评分细则，对建筑工地调整评分分级，实现红黄绿"三色码"分级分类监管模式，建立健全长效的日常监管机制。管理部门根据派单系统自动生成工单，采用集中式控制管理派单流程，智能分发，精准到人，有效推动基层治理难题的及时处置和有效解决。

（三）以技术创新赋能为支撑

徐汇区以应用集成、业务协同为导向，提取城市治理、民生服务等各类业务应用的数据需求，加强跨领域、跨部门、跨层级的数据共享交换模式，全闭环、系统性优化数据采集、协同、共享、应用等各个流程环节，促进公共数据的全量归集。前瞻布局全生命周期的一体化数据操作系统，形成集数据资产管理、数据质量管理和数据服务于一体的全区统一数据支撑平台。聚焦民生服务、城市治理、公共安全等各类业务应用的数据融合共享需求，依托区大数据资源管理平台，在完善人口、法人、自然资源与空间地理、社会信用等数据库的基础上，结合区域特色和业务特点，建设各类区级业务库、主题库，推进重点领域数据资源整合与通用性功能建设，面向全区优化拓展数据资产化、数据模型、数据算法及智能分析等一系列数据处理和服务能力，有效支撑 24 小时"数智化"服务，促进应用的开发迭代、创新拓展。

二、改革的启示

徐汇区坚持从群众需求和城市治理突出问题出发，坚持把党建优势转化为工作动能，以改革创新的勇气和担当推进政务服务及城区治理在全市先行先试，让企业、群众办事更省力、更省心，让城市运行更加高效、更有温度。

第七章

问题与挑战:"两网融合"协同推进数字政府建设面临的难点

第七章　问题与挑战："两网融合"协同推进数字政府建设面临的难点

习近平总书记强调："要统筹规划、建设、管理和生产、生活、生态等各方面，发挥好政府、社会、市民等各方力量。要抓一些'牛鼻子'工作，抓好'政务服务一网通办'、'城市运行一网统管'，坚持从群众需求和城市治理突出问题出发，把分散式信息系统整合起来，做到实战中管用、基层干部爱用、群众感到受用。要抓住人民最关心最直接最现实的利益问题，扭住突出民生难题，一件事情接着一件事情办，一年接着一年干，争取早见成效，让人民群众有更多获得感、幸福感、安全感。"[①] 这为进一步推进"一网通办""一网统管"改革提供了根本遵循，明晰了发展目标。"管用"强调的是实践维度，"爱用"重视的是操作维度，"受用"体现的是主观维度，贯穿三个维度之中的是以人民为中心的发展思想。人民利益是数字政府建设的出发点和落脚点，也是推动和评估改革成效和成果的根本标准。"一网通办""一网统管"改革的目的是提升人民的获得感、幸福感和安全感。一定意义上说，"管用、爱用、受用"和"获得感、幸福感、安全感"之间紧密联系、高度关联，增强获得感有利于实现实战管用，增强幸福感有利于实现基层爱用，增强安全感有利于实现群众受用。

对标习近平总书记提出的要求，对照上海市委、市政府推动"一网通办"由"能用"向"好用""愿用"转变和"一网统管""一屏观天下、一网管全城"的要求，对应人民对"一网通办"和"一网统管"的期盼，进一步推进"一网通办""一网统管"改革，深入推进"两网融合"和数字政府建设还面临一些问题和挑战。

---

① 中共中央党史和文献研究院编：《习近平关于城市工作论述摘编》，中央文献出版社 2023 年版，第 157—158 页。

第一节 距离"像网购一样方便"还有差距——"一网通办"改革面临的问题和挑战

随着"一网通办"改革的持续推进,需要对"一网通办"改革成效进行评估,分析改革过程中存在的问题,为进一步深化改革提供基础和支撑。2020年开始,笔者团队受上海市相关部门委托,对上海市"一网通办"改革情况进行第三方评估。下面以2021年"一网通办"评估为例,分析和透视改革取得的成效和需要进一步提升的方面。

对"一网通办"水平进行评估既要分析线上办理深度和水平,又要考核线下提供服务的能力和水平,还要评估线上和线下办事的融合程度和便利程度。其中,线下政务服务为线上政务服务提供支撑,是基础;线上政务服务为线下政务服务赋能增效,是趋势;线上线下联动融合为民众办理事项提供更多的选择,是关键。当然,无论对线上还是线下政务服务的评估都要从民众感受度出发,既考量办事的"速度",又要考察办事的"温度",凸显"线上有速度,线下有温度"的要求。

对"一网通办"状况进行评估可以从供给侧和需求侧两个方面进行。在供给侧方面,着重分析和考察政府提供政务服务的能力,主要突出规范性和标准化,这是评估"一网通办"状态和水平的着力点和支撑点;在需求侧方面,着重考察办事民众对政务服务的需求,主要突出民众获取政务服务的体验度和获得感,这是评估"一网通办"状态和水平的出发点和落脚点。

一、规范性和标准化:"一网通办"评估的供给侧指标

提升规范性和标准化水平是做好"一网通办"的前提和基础,是评估

第七章　问题与挑战:"两网融合"协同推进数字政府建设面临的难点

"一网通办"的着力点和支撑点。一方面,规范性和标准化是"互联网化"的基础,通过规范化将标准化的做法和经验固定下来。一般来说,只有权力和事项标准化,才能做到"互联网化",并通过"互联网化"提高治理的效能和服务的水平。另一方面,规范性和标准化是推动高质量发展的支撑,规范和标准决定质量,有什么样的规范和标准就有什么样的质量,只有坚持严规范和高标准,才能有高质量。评估和分析"一网通办"水平需要有统一的标准,做到同一事项在同一城市的不同地区和不同窗口办理共享同样的标准,实现"进一网、能通办"的要求。

规范性和标准化可以选择在线办理成熟度、服务方式完备度、服务事项覆盖度、办事指南准确度、线上线下融合度、数据治理及应用等指标进行评估。具体而言,在线办理成熟度重点是从"网上可办"的角度,衡量政务服务在线一体化办理程度,重点评估办理深度、协同办理、统一身份认证和应用支撑等方面;服务方式完备度重点是从"渠道可达"的角度,评估各级政府和政府部门依托"互联网+政务服务"总门户向企业和群众提供统一便捷的一网式服务情况,重点调查是否存在由于数据非同源、多平台(多门户)提供服务,造成网上办事"进多站、跑多网"的状况;服务事项覆盖度重点是从"事项可见"的角度,衡量事项清单、办事指南发布和标准化情况,重点评估各级政府和政府部门依托"互联网+政务服务"总门户统一发布办事指南情况;办事指南准确度重点是从"指南可用"的角度,评估各级政府和政府部门依托"一网通办"总门户发布办事指南的有关信息要素,衡量办事指南的准确性、完整性、翔实性和实用性;线上线下融合度重点评估各级政府和政府部门窗口建设、线上线下融合、服务拓展等方面工作情况;数据治理及应用重点评估各级政府和政府部门数据汇聚、数据共享、数据治理、电子证照、专项工作等方面工作情况。

二、体验度和获得感:"一网通办"评估的需求侧指标

"一网通办"归根到底属于政务服务的范畴,需要践行以人民为中心的发展思想,将人民群众的体验度和获得感作为重要评估标准和依据。正因为如此,有管理者提出"一网通办"要"像网购一样方便",这就形塑了改革的目标。简言之,在出发点上,政府在提供服务的过程中,要借鉴企业"网购"服务"以顾客为中心"的理念,服务公民个体和法人主体的需要;在服务方法和手段上,要引入企业服务的优秀方法和路径,促进服务流程的革命性再造;在目标取向上,要借鉴企业服务的理念和原则,提高公民个体和法人主体的体验度和获得感。体验度是政务服务领域形式上的要求,是获得感的前提;获得感是政务服务领域实质上的感觉,是体验度的目标。

体验度和获得感是主体感受层面的,具有一定的主观性,但也可以用一定方式进行测量和评估。这里选择在线服务成效度(政务服务"好差评")、特色创新作为需求侧体验度和获得感方面的重要指标进行评估。具体而言,在线服务成效度重点是从"效能可评"的角度,通过"好差评"制度建设、服务满意度等方面,评估网上政务服务的实施效果;特色创新重点评估各级政府和政府部门重点创新工作以及自身创新工作的实现情况。

第二节 规范性和标准化不断提升与体验度和获得感有待提高:"一网通办"评估状况分析

2021年,笔者团队对上海市级48个政府部门和16个区级政府"一网通办"工作开展第三方评估。评估采用定量与定性相结合的方法,采用线上线下相结合的方式,既重视线上数据抓取,也采用线下抽查的方式;既强调

第七章　问题与挑战："两网融合"协同推进数字政府建设面临的难点

数据抓取和分析，也采取线下座谈、专家打分的方式，努力做到客观公正。

"一网通办"具体评估指标包括：在线服务成效度、在线办理成熟度、服务方式完备度、服务事项覆盖度、办事指南准确度、线上线下融合度、数据治理及应用、特色创新。根据上述指标，我们对各个区级政府和政府部门"一网通办"情况进行了评估，得出了评估分数并进行了排名。

从评估情况可以发现，上海各个区级政府和市级政府部门重视推进治理数字化转型、建设数字政府，采取多种举措推进"一网通办"改革，取得了一定的成效。在政务服务规范性和标准化建设方面有了较大的进步，表现在办事指南准确度上有了很大的进步，有不少部门在办事指南准确度这个评估指标上能够得到较高的分数；服务方式完备度方面得分普遍较高；数据治理和应用方面也取得了长足的进步，在数据治理及应用方面得分也普遍较高。当然，评估也发现，在人民群众体验度和获得感方面还存在需要提升的方面，"一网通办"改革距离"像网购一样方便"还存在距离。

一、通过评估直接发现的问题

第一，政务服务的一体化程度有待进一步提高，距离"整体性政府"的政务服务要求尚有差距。从评估情况来看，市级政府部门的在线办理成熟度、在线服务成效度、服务方式完备度得分较高，但服务事项覆盖度、线上线下融合度得分相对较弱。而区级政府服务方式完备度、数据治理及应用、线上线下融合度得分较高，但在线服务成效度、在线办理成熟度得分相对较弱。这就形成了一定的反差。区级政府作为政务服务的直接提供者，服务成效度和办理成熟度是非常重要的评估指标，这些方面的得分需要也应当得到市级政府部门的帮助和支持。而本次评估显示，市级政府部门的服务事项覆盖度和线上线下融合度有待提升，这就制约了区级政府

如何建设数字政府
——"一网通办""一网统管"的上海实践

服务效能的提升。这些都体现了跨层级、跨领域、跨部门的政务服务流程"革命性再造"需要进一步加强和改进,需要进一步提升政务服务的一体化程度和水平。

第二,改革创新度有待进一步提升。评估将上海市重点推进的一些工作作为特色创新的评估内容,从最终得分情况来看,普遍得分不高。这些工作应是深化"一网通办"改革的重点,如果不能够得到有效推进,将会影响"一网通办"由"能办"向"好办""愿办"的转变程度,比如"两个免予提交"的落实程度和群众办事的便利度有待提高。"两个免予提交"既涉及"块",也涉及"条",需要条块衔接,做好协同。目前在衔接和协同方面还存在一些问题:条线工作要求与市政府相关综合部门要求在有些方面不统一,部分应当免予提交的证照仍要求当事人提供纸质版,部分条线系统与块上综合窗口系统之间无法实现数据对接,导致"两个免予提交"难以全面落地。窗口办事人员还需采用二次录入或者纸质文档的方式实现系统之间的信息传递,影响了基层工作人员使用电子证照的积极性。从"好办""快办""一件事"评估情况来看,各个政府部门重视程度和创新程度也有差异,有些改革创新让人眼前一亮;但有些只是简单地将原有改革进行整合,改革创新度不够。总体而言,市级政府部门还需加大改革创新力度,推进改革创新的深入和深化。

第三,平台的整合度不断提升,但仍存在没有全部"进一网"的情况,影响民众的体验感。总体而言,各个市级政府部门、各个区级政府基本能做到依托上海"一网通办"总门户向企业和群众提供统一便捷的一网式服务,但仍然存在个别链接到部门网站的情况,需要民众登录不同的系统办事,影响了人民群众的办事体验感。

第四,线上线下融合度有待进一步加强,距离"线上有速度、线下有温度"的政务服务要求还有差距。提供一体化政务服务既需要提升线上服务能力,也需要线上线下融合发展、协同推进。从评估情况来看,无论是市级政府部门还是区级政府线上线下融合度都有待加强和改进。在政务服务中心标准建设、政务自助服务终端部署、实时在线客服、公共服务场景应用等方面需要进一步提升,以不断提高人民群众在"一网通办"线上线下融合方面的体验感和获得感。

二、进一步调研发现的问题

第一,个人服务"全市通办"便利度有待提高。在"一网通办"政务服务方面,与企业服务相比,个人服务方面取得的成效更加明显,但也存在一些短板和不足,主要表现在以下三个方面。

首先,办事信息系统不太稳定,基础数据准确率与共享水平不高,影响办事效率和民众感受。办事信息系统不够稳定,存在调试时正常但使用中出现数据连接失败问题,而原来职能部门的条线专网又不再开放,导致民众需要再跑一次,反而增加了跑动次数。基础数据不够准确。调研中有基层办事人员反映,一些部门基础数据差错率较高,窗口人员即使发现如身份证与户口本上信息对应不上等明显错误,但由于缺乏修改权限和上报渠道,没有修订和更正的机会。

其次,"收受分离"使用率和便捷度低,环节增加,衔接不够顺畅。"收受分离"是实现"全市通办"的具体举措。具体而言,"收受分离"是指打破传统的行政区划概念,上海市220个社区事务受理中心都可以收取个人办理事项的申请,然后进入行政系统内部运行流程,推动相关部门办理,办成后再送到收件的社区事务受理中心,由社区事务受理中心将相关证照发放给申请人。通过"收受分离"可以使民众更方便地获得政务服务。然而,笔者在调研中发现,"收受分离"增加了文件传输等环节,办事时间反而容易被延长。据某社区事务受理中心反映,办事地并不能向户籍地直接传输材料。以跨区事项为例,材料需要经历"办事地街道—办事地所在区—市—户籍地所在区—户籍地街道"的流转过程，同时办事地窗口人员只能通过人工点击才能查看办事进程，这大大影响了办事效率，影响了"全市通办"的效果。

最后，"全市通办"事项增多但基层受理能力参差不齐，基层工作人员存在"本领恐慌"。窗口人员业务培训不到位，对所受理的业务"只知其一，不知其二"，无法及时解答民众问题，自下而上的业务反馈渠道不够完善。窗口人员绝大多数业务学习是通过相关 App 自学完成的，只能了解受理步骤有哪些，并不能知道为什么步骤是这样的；实际受理中遇到疑难问题，缺少向上反馈的机制。有的复杂事项窗口人员的业务能力跟不上，如退休金核算等事项，即便是工作十年以上的窗口人员，也未必能够算准确，而退休金又是民众特别在乎且容易产生不解甚至误解的事项。

第二，政务服务和管理支撑体系尚有待进一步提升和完善，政务服务流程尚未"以人民为中心"进行"革命性"再造。

首先，线上办事深度有限，功能尚不完善，用户网上办事的习惯尚未养成，用户黏度有待提高。截至 2021 年，上海市政府各部门共有 3141 个事项接入了"一网通办"全流程一体化在线服务平台，但在覆盖面和广泛度上尚有差距。一些办事人员宁可多跑动也要到线下办理：有人认为到窗口面对面沟通讲得更清楚，有人担心寄快递不安全，也有人认为线上办事会导致自己工作不便。有初创型民营企业表示希望通过全程网办来节约用人成本，但在使用过程中仍发现很多环节不够顺畅，只好到线下办理，影响了"一网通办"的效果。

其次，一些政务服务流程的优化再造只进行了形式层面的物理整合，未进行深度的化学融合，尚未达到服务流程"革命性"再造的目标。各个政府部门对服务流程进行了梳理，但跨部门的政务服务流程有待进一步优化，跨部门整合力度需要进一步加强，站在民众角度"高效办成一件事"的推进力度有待提升；一些部门在流程再造方面有畏难情绪，工作不够积

第七章　问题与挑战："两网融合"协同推进数字政府建设面临的难点

极主动，对内部业务流程再造只做重新排列组合或简单改良，主动试、大胆闯的劲头不足，甚至不愿对一些跨区域、跨层级、跨部门的业务流程进行"革命性"再造。

第三，基础数据共享水平有待提升。基础数据不够准确，有一定的差错率，围绕"一网通办""一网统管"产生的"人、物、动、态"数据存在一定比例的差错率，已归集的数据存在更新不及时、覆盖不全面、数据不准确等问题；有些部门数据标准规范不健全，安全管控能力有待提升。基础数据共享水平不高，仍有少数部门将数据视为"部门财产"，不能够做到"以共享为原则，以不共享为例外"，不愿主动归集、分享和共享采集的公共数据。有时，同一个政府部门内部不同处室围绕同一事项产生的数据都没法做到统一和共享，跨部门、跨领域的数据共享水平更加有待提高。同时，基础数据不能够做到"在线、活用、闭环"的要求，一些基础数据是静态性数据，没有做到保持"在线"，导致数据之间无法形成关联性，形成大数据；一些基础数据仅仅满足于归集，也不知道基于什么原因归集，没法在应用中得到数据检验；一些基础数据无法与具体的管理和服务场景相结合，不能够做到闭环。调研发现，从运行系统来看，2020年底上海对市级政府部门系统进行改造整合，还剩下1000个以上的系统，市级部门政务服务移动端应用有60多个，这些政务服务移动端依托微信小程序、支付宝小程序等不同载体存在，有待进一步完成整合。区级党政部门各类政务服务系统同样数量较大，由于各区信息化水平差距较大，区级政务信息系统整合难度也很大。此外，市、区两级电子政务外网尚未实现整合，跨部门、跨层级的政务服务网络互通、数据共享、应用协同尚未真正做到一体化。

第四，电子证照质量有待提升，影响了"两个免于提交"的实施效果。2018年以来，上海市大力推行电子证照应用，提出了"两个免于提交"的政策要求。具体而言，"两个免于提交"是指本市政府部门核发的材料原则

如何建设数字政府
——"一网通办""一网统管"的上海实践

上一律免于提交,能够提供电子证照的原则上一律免于提交实体证照。企业群众在线上办事,可以直接使用名下归集的电子证照。"两个免于提交"的方式有四种,分别是电子证照调用、数据共享核验、实施告知承诺和行政协助。电子证照是其中重要的方式。也就是说,在办事过程中,群众前往线下窗口办事,利用"随申办"App的电子亮证功能,可免交已归集的相应实体证照和复印件。推进电子证照的社会化应用,在交通执法以及部分服务行业开展应用试点,获得了办事人员的认同和好评,取得了很好的成效。然而,电子证照使用过程中也存在一些问题,主要表现在以下几个方面。

首先,电子证照存在一定的差错率,影响了电子证照在工作人员和办事人员心目中的认同度和美誉度。目前,上海各个区的行政服务中心和社区事务受理中心在企业群众办事时都可以及时调取电子证照,但是身份证、营业执照等电子证照都有一定的错误率,影响了办事企业和群众对电子证照的体验度。笔者在调研中发现,有申请人申请办理营业执照变更,但是电子营业执照照面本身就存在错误,导致办事申请难以推进。

其次,电子证照生成部门难以发现存在的差错,使用部门能够发现差错却缺乏及时、有效的反馈机制,电子证照的纠错机制有待建立和完善。数据的生命力在于使用,数据在使用过程中才能更多地发现问题并不断优化。基层行政服务中心和社区事务受理中心作为使用者,在使用过程中常常能够发现电子证照的差错,然而,他们发现错误后,却缺乏及时有效的反馈和修订机制,只能将发现的问题和错误收集整理,用传统的方式统一反馈给大数据中心的联络员。而相关部门对反映的问题是否及时调整以及如何进行修订,行政服务中心和社区事务受理中心工作人员却无法及时得知。同时,企业和群众自己发现电子证照有错误时,也缺乏及时、有效的反馈渠道,不知道通过何种渠道向哪个部门反馈并进行纠错。这些都反映了电子证照的反馈和纠错机制有待完善。

再次,一些电子证照针对来自不同地区上海户籍人口认证的流程和程序不同，不符合"一网通办"的标准化特征。目前，凭借身份证"电子亮证"入住酒店已经得到了一定程度的应用。然而，笔者通过调研发现，一些酒店还不能办理凭电子身份证入住，同时，身份证"电子亮证"对来自不同地区的上海户籍人口认证的流程和程序不同，对 310 开头的户籍人口身份证号码认证比较方便，而对非 310 开头的身份证号码往往还需要酒店打电话到公安机关进行认证，程序相对复杂。由于操作程序相对复杂、便利性相对差些，一些酒店工作人员不愿意操作，影响了民众的感受，并且，不同的认证程序容易产生地域歧视，不符合"一网通办"的标准化特征。

最后，一些部门担心"凡是能够提供电子证照的，原则上一律免于提交实体证照"有法律风险，影响电子证照的适用范围和深度。一些部门反映，法律明确规定办理一些事项要提交实体证照，严格执行"凡是能够提供电子证照的，原则上一律免于提交实体证照"会有法律风险，条线部门也有会不同意见，基层执行部门有时比较茫然，影响电子证照的深度应用。

第三节 进一步推进"一网统管"改革过程中存在的问题和挑战

"一网统管"改革推进以来，取得了显著成效，但距离城市治理数字化全面转型的要求还有一定的差距，主要表现在以下几个方面。

一、对"一网统管"建设和运行的边界尚未达成共识

笔者通过调研发现，一些基层政府和公务人员对"一网统管"建设的认识还仅仅停留在技术运用和系统开发层面，对"一网统管"背后的政府

自身改革和政府全面再造理解不到位，在政府的流程再造和结构重塑等方面尚未达成共识，大大影响了"一网统管"建设的推进和深化进程。部分区、街镇不能准确理解"一网统管"，认为"一网统管"就是通过引入智能化手段将各种事务统统管起来，认为"一网统管"是万能的，把一切事务都扔给城市运行管理中心，加大了城市运行管理中心的负担，出现了任务"过载"的现象。另外，从法定职责来看，城运中心并不具有行政执法权，一些基层单位不愿意承担的行政执法权由城运中心来承担，会存在法律风险。

二、三级城运中心的定位、职责以及建设的路径有待进一步明确

目前，"一网统管"的运行实体三级城运中心在体制上分别存在不同的问题和瓶颈，主要表现为：区级和街镇城运中心存在职能整合未完全到位，部分区的区级和街镇级城运中心依然停滞在原网格化中心简单翻牌的情况，没有能够与应急指挥、值班值守、舆情管控等城市运行管理功能有机融合。从名称上说，一些区的运行机构叫城市运行中心，一些区叫城市运行管理中心，一些区叫城市运行管理服务中心，没有统一规范。并且，区和街镇城运中心存在的最大体制短板是均为事业单位，这样的事业单位要在实际工作中协调其他城市运行管理的行政部门存在较大困难。此外，三级城运中心因上下级部门职能有别，还存在着需要对应多个上级部门的问题，导致疲于应付、忙不过来。

笔者通过调研发现，城运中心有两种运行模式：一是将区政府总值班、应急指挥、市民热线、网格管理等工作力量融合联动；二是将上述方面和公安应急联动等工作力量融合联动，两种模式均要求城运中心具备城市运行规划研究、值班值守、应急联动管理、舆情管理、市民热线、网格管理等功能，实现功能整合。此外，各区可结合自身实际，进一步加强与

第七章　问题与挑战："两网融合"协同推进数字政府建设面临的难点

为企为民服务、大数据管理等功能的融合。上海的 16 个区中未将区政府总值班室纳入区城运中心的仍有 7 个，占比 43.8%；未将应急指挥职能有效融合的区有 11 个，占比 68.8%；仅有 4 个区的城运中心已将总值班室和应急相关职能有效融合，仅占 25%；有些区虽然是三中心（城运中心、行政服务中心、大数据中心）合一的体制，但暂未有效融合值班和应急指挥体制，突发状态下的应急指挥调度仍存在短板。由于区、街镇两级城运中心基本上推行区街镇一体化建设，街镇城运中心功能整合存在的问题也大致相同。

三、数据共享问题和数据动态性问题尚未完全解决

"一网统管"与"一网通办"在数据要求和数据应用方面存在一定的差异。一般来说，"一网统管"需要运用大量的实时动态数据来预警预判风险，及时发现城市运行中存在的问题，并做好管理和治理。实时动态数据就好像是新鲜血液，决定着三级城运平台运行是否顺畅、反应是否灵敏。但在推进过程中，由于系统新旧不一，数据获取方式各异，存在静态数据偏多、动态数据不足，结构化数据偏多、非结构化数据不足，延迟数据偏多、实时数据不足的问题。调研发现，各系统中有效的实时动态性数据不超过 10%，有的部门数据更新频率较低（数据平均归集时间为 13.2 天），相对于支撑"分钟"级甚至"秒"级的复杂城市运行管理应用和城市数字体征系统而言仍需提升。

"王"字形的三级城运平台构建的最重要的目的之一就是市、区、街镇三级双向实现数据共享赋能，这就需要市城运平台同区和街镇城运平台共享数据，通过数据向基层赋能，同时基层采集的数据也要回流市级数据湖，保持数据的鲜活。一方面，当前有的市级部门向区、街镇城运平台共享的数据中有相当一部分因采集周期长、数据的时效性差、准确率低，且

基层无法修改、更新，阻碍了基层的落地应用。另一方面，基层个性化场景应用所采集的数据，以及在工作过程中所更新、纠正的数据如何向市级平台数据湖回流，并为市级所应用的问题也没有得到很好的解决。这都需要通过规范标准予以明确，建立工作机制，使数据"活"起来，提高即时性、准确率。

四、数据安全风险防控及个人权利法律保障的问题存在

"一网统管"是汇集全息、海量、多维、实时数据的巨型系统，数据来源多样化，既有政务数据，也有企业数据、社会数据，在系统开发使用、运行维护等环节涉及不同分工、不同身份角色的工作人员。因此，在这样一种动态的开放式环境中，数据安全的保障要求更高、难度更大。但在实践中，为了尽快完成系统开发目标，各个部门更多采取会战模式，对"一网统管"的数据安全保障缺乏顶层设计，技术防护层，复杂信息系统的身份认证以及权限管理方面缺乏系统规划，对发现的问题更多的是采取打补丁的方式事后弥补，尚未形成全过程全周期的安全运营体系。同时，由于政府内部人员精力有限，既精通业务又拥有信息技术专业能力的人员稀缺，系统安全建设和运行维护更多依靠外包委托给企业或其他第三方承担，对于承包方在系统开发过程中产生的相关安全风险缺乏有效监督与管理监控，容易造成数据泄露、数据滥用、恶意篡改等一系列数据安全问题。

大数据部门核心机房工作人员身份审查机制有待构建。首先，大数据部门核心机房工作人员来源多样，其中不少是来自外包公司的工作人员。调研发现，一些外包公司的工作人员参与核心机房的维修保养、程序开发等工作，有一定的流动性，如果他们出于某种目的截留数据，极易导致数据泄露。其次，现阶段有针对大数据部门核心机房工作人员所在部门的资

格审查重点，在于审查这些部门在数据安全方面的资格和资质，期望企业加强对进入核心机房工作人员的约束和制约，但缺乏对员工个人的身份审查。有时企业贪图方便、有些企业不愿强化约束，导致刚性制约不足，数据安全保障的针对性有待提升。最后，尽管目前进入大数据部门核心机房工作的人员需要根据不同层级核心机房的要求签订保密协议，但不需要进行身份审查，比如对工作人员的政治倾向、家庭基本情况、是否有不良嗜好、是否有债务等身份信息方面的审查和审核，存在一定程度的安全隐患，数据安全保障的有效性待提高。

五、基层干部队伍的数字素养和业务能力距离数字化转型的需要还有差距

2021年8月，笔者及团队对上海各区城运中心机构编制等情况开展了调研，调研发现，各区城运中心均为正处级事业单位，平均内设6.3个科室，但总体编制数较少，7个区核定编制不足40人，主要通过购买服务、借调等方式补充力量。此外，笔者通过调研还发现，有的区为了解决城运中心领导干部的公务员编制，只能将其编制挂在应急管理局、住房和城乡建设管理委员会等其他管理部门，容易造成工作关系不顺；有的区城运中心工作人员来自区级其他管理部门的借调人员，编制不在城运中心，工资关系和人事考核仍在原单位，这样容易造成工作重心偏离，影响队伍的稳定性和工作的延续性。同时，由于城运平台体系建设以及运行的业务性和技术性要求很高，需要同时具备管理和技术能力的跨界人才，目前管理岗位缺乏人才的情况比较突出，且技术人员和管理人员沟通存在一定障碍。此外，一些郊区城运中心存在高素质人才招录难、留人难的问题。比如A区城运中心在编27人，全日制本科以上仅为6人，不足1/4，在编工作人员能力与"一网统管"高标准的要求存在较大差距。优秀的人招不来，招

来的人留不住，留下的人的数字素养和能力跟不上建设数字政府的要求。

第四节 "两网融合"的有效度有待提升

随着"一网通办""一网统管"改革的不断推进，两项改革都取得了不少成果和进展，但两项改革之间的融合度有待提升。

（一）在改革推进主体方面，融合度尚需进一步加强

"一网通办""一网统管"都由市政府办公厅或者各个区政府办公室来负责推进。同时，上海市分别成立了大数据中心和城市运行管理中心推进改革，多个部门之间也存在跨部门协调和协同问题。城市全面数字化转型涉及经济数字化、生活数字化、治理数字化等方面。"一网通办""一网统管"作为治理数字化转型的重要方面，如何强化与其他转型的协同有待深化研究。

（二）在数据方面，"一网通办""一网统管"在数据方面的要求有差异

数据是推动"一网统管"建设的基石，更好地推进数据应用需要回答数据从哪里来，数据如何分享，数据如何使用等一系列问题。随着"一网通办""一网统管"改革的推进，对数据类型、数据归集速度、数据共享路径等方面提出一些特殊性要求。

2018年以来，随着大数据中心的成立，上海市明确了"以共享为原则，以不共享为例外"的原则，在数据归集、分享、共享和使用方面已经取得了长足的进步。然而，"一网统管"常常基于不确定的人、不确定的场景和不确定的诉求，针对单一部门无法解决的跨部门、跨领域、跨层级的

第七章　问题与挑战："两网融合"协同推进数字政府建设面临的难点

管理事项进行治理，谋求通过信息化手段的引入统筹推进智慧治理，使治理更加协同、更加智慧、更加高效，从而在数据归集、分享和使用方面有一些特殊性要求。

第一，在数据类型方面，"一网统管"在重视结构化数据、静态数据归集的基础上，更加重视非结构化数据、动态数据的归集。"一网通办"的数据归集更重视身份信息、营业执照等数据的全量、全域归集，强调"应归尽归""应并尽并"，通过全量、全域数据的归集，推动政务服务流程的优化。这些数据相对而言是结构化、偏静态的。而"一网统管"在结构化数据归集的基础上还需要归集非结构化的视频数据，需要归集和梳理治理对象的动态数据，通过非结构化的视频数据和动态数据的梳理和归集，为治理提供基础和支撑，以实现"观、管、防"统一。这就对数据归集的渠道和方式提出更高的要求，也对数据的存储以及围绕数据的算法和算力提出了更高的要求。在调研中一些部门反映，现在非结构化的视频数据不足，有些视频数据由于格式不对、存储空间不够等多种原因无法打开和运行。

第二，在数据分享速度方面，"一网统管"更加注重数据动态调整和及时分享的时效性，要求数据分享和共享是分钟级甚至是秒级的，在数据的"通"和"联"方面有更高的要求。对"一网统管"而言，要实现"一屏观天下、一网管全城"的目标，响应速度非常重要，常常需要分钟级甚至秒级的及时响应。这就要求数据能够实现在各个部门的及时"通"和"联"，这里的"通"和"联"是多方面、多向度的，并且要做到不断调整、及时响应和动态更新，为实现"一屏观天下、一网管全城"提供支撑。

第三，在数据共享路径方面，赋能基层先要放权基层。"一网统管"要求去中心化、非分布式的数据分享，要求数据产生于基层，也应当能够及时服务和赋能于基层。为了更好地实现数据的归集和安全，上海市构建了数据上报区级大数据中心，由区级大数据中心上报市级大数据中心，再由市级大数据中心集中归集和沉淀数据。当基层部门需要使用数据时向市、

如何建设数字政府
——"一网通办""一网统管"的上海实践

区级大数据中心申请,然后再由市、区级大数据中心将数据分发给使用部门的路径和机制。从一定意义上说,这是分布式、向心式的同心圆模式数据分享机制。这种分享机制的设置有一定的合理性,也有利于数据安全。然而,随着"一网统管"的推行和深化,这种机制难以实现第一时间的数据分享,也不利于调动基层工作积极性,实现赋能基层的目标。调研中有区级城运中心反映,基层是产生数据的地方,对数据有很强的需求,然而目前基层缺乏数据,也缺乏数据的纠正机制,影响了赋能基层目标的实现。要实现"一网统管"分钟级、秒级的响应,就要使数据归集、分享机制去中心化、非分布式,形成数据产生于基层、服务于基层、赋能于基层的分享模式。

(三)缺乏示范性的"一网通办""一网统管"融合的应用场景

疫情防控过程中开发的"随申码"应用是融合"一网通办"和"一网统管"的创新性应用场景,取得了非常好的效果,未来的目标是将"随申码"打造成伴随上海市民一生的数字名片,集就医、出行、健康等多种功能于一身。目前上海的"两张网"改革推进缺乏类似这样的应用场景。对基层公务人员而言,很难区分政务服务和城市治理,找不到好的融合应用场景,不利于"两张网"整体融合工作的推进。

第八章 推进"一网智治"深化数字政府建设

第八章 推进"一网智治"深化数字政府建设

为更好地推进数字政府建设,要坚决贯彻落实党的二十大精神和习近平总书记关于"数字政府"建设的重要指示批示精神,更加重视深层次(政务服务和政府治理流程的革命性再造)、一体化(政务服务和治理的一体化)、全周期(服务个人个体、法人主体、城市生命体全生命周期)和获得感(切实增强企业和民众的获得感)。一方面,要优化和完善"一网通办""一网统管",推动"两张网"自身不断的进化和升级,更好地推动"两张网"做到实战管用、基层爱用、群众受用。另一方面,以"一网通办""一网统管"为牵引,推动数字政府建设向纵深发展,推动"两张网"的融合和融通,建构"一网智治"新格局,通过"一网智治"努力探索更优、更好的数字治理,提升人民群众的满意度、获得感和安全感。

第一节 推动"一网通办"由"能办"向"好办""愿办"深化

推动数字政府建设需要进一步推进"一网通办"由"能办"向"好办""愿办"深化。"一网通办"的"能办"着力于供给侧方面,从政府角度出发考量政府线上线下提供政务服务的可能性,"好办""愿办"强调需求侧方面,从公民个体和法人主体角度出发分析公民和法人在政务服务方面的感受度,重视提高用户黏度,提高用户体验度和获得感。具体可以从整合度、共享度、体验度、速度、温度、覆盖度、规范度、示范度和确定性等方面推动政务服务的持续优化。

如何建设数字政府
——"一网通办""一网统管"的上海实践

推进"一网通办"由"能办"向"好办""愿办"深化需要着力强调化学聚合基础上的"好用"和"管用",即要努力促进各个政府部门在政务服务流程方面发生化学反应,促进政府各个部门信息共享、流程再造,打破政府部门之间的壁垒,打破碎片化,建设线上线下整合的整体性政府。这里的"好办""愿办"是从人民群众的需求出发的,即应当努力做到让人民群众办事更便捷、更高效。具体而言,进一步优化和完善"一网通办"改革从以下几方面着手。

一、打造"一网通办"平台升级版,进一步提升平台的整合度,提高"一网通办"服务能级

上海市升级和优化"一网通办"总门户,努力让政务服务内容更丰富、线上服务界面更友好、使用更方便、服务更智能。充分运用互联网信息技术工具提高"一网通办"总门户网站页面的访问速度;运用大数据分析工具智能采集各栏目点击量与使用率全周期数据,分析用户使用习惯,并将使用频率较高的功能模块调整到"一网通办"总门户网站上更醒目、更方便操作的位置;做强"搜索"工具语料库和知识库,增加对企业和民众生活化用语的语义识别能力,提高搜索结果与用户希望获取信息之间的匹配度。

市政府相关部门优化"随申办"功能,提供手机 App、微信小程序、支付宝小程序等多个主流渠道,打造"随申办"超级应用,满足各类人群使用习惯;推动更多移动端高频事项全面接入"随申办",探索重点领域法人事项在移动端办理的新模式;依托"AI+一网通办",全面提升市民主页和企业专属网页个性化、精准化、主动化、智能化服务水平。

第八章 推进"一网智治"深化数字政府建设

二、强化"应迁尽迁""应并尽并",深化数据共享和数据治理,提升数据的共享度

(一)更好地推动数据治理和数据共享

推进信息系统"应迁尽迁""应并尽并",推进电子政务云建设,实现政务云的统一管理;建立完善公共数据分层采集体系,实现公共数据全量归集和整合,推进业务专网和信息系统"应并尽并",建成标准统一、技术先进、管理智能、安全可靠、坚强有力的新型电子政务外网;深化人口、法人、空间地理、电子证照等基础数据库的应用,建设和优化若干领域的主题数据库和专题数据库。

(二)提高电子证照的质量

第一,加强数据治理,提高电子证照的质量。建议上海市大数据中心牵头,相关职能部门配合对现有电子证照库进行规范化、统一化的数据治理。一方面,在电子证照人工审核审查的基础上,适时引入电子化、智能化的电子证照审核审查手段,对电子证照进行复核和复查,及时发现电子证照的差错,降低电子证照的差错率,提高电子证照的准确度。另一方面,对电子证照包含和蕴含的信息和数据进行整合、共享、关联和分析,提升电子证照库的决策预测和风险监测功能,优化电子证照库。

第二,强化应用导向,构建电子证照差错发现和纠正的管理闭环体系。建议形成线下线上相融合和协同的电子证照差错发现、反馈、纠错机制。一方面,在线下建立电子证照差错定期报送制度,及时收集和整理行政服务中心和社区事务受理中心发现的电子证照方面存在的差错信息,报送给核发电子证照的相关职能部门,提示他们进行复查核查,及时将电子证照复查核查情况入库,反馈到行政服务中心和社区事务受理中心,降低电子证照的差错率，让基层电子证照使用者有更多的获得感。另一方面，在线上构建电子证照差错发现、报告、反馈、纠错的网上运作机制，在相关网页上增加电子证照的差错报送和纠错功能，可以直接将差错情况报送大数据中心和证照的核发部门，提醒上述部门人员对电子证照进行复查和复核，并将复查复核情况及时在线上进行分享和公布，推进完善电子证照库。通过线上线下的融合和协同，形成电子证照差错发现和纠正的管理闭环体系。

第三，加强法律支撑，为电子证照的深度应用提供基础。建议对推动电子证照深度应用的法律支撑进行梳理，分析哪些是可以在上海市立法层面解决的，哪些是需要和国家相关部门进行沟通协调的。一方面，积极推动上海地方性立法，为"凡是能够提供电子证照的，原则上一律免于提交实体证照"提供法律支撑。另一方面，积极与有关部门沟通，逐渐破解落实"凡是能够提供电子证照的，原则上一律免于提交实体证照"这一要求在法律层面存在的障碍，为电子证照的深度应用提供法律保障。

第四，优化认证流程，彰显电子证照的标准化特征。建议更好地推动电子证照的应用，提高电子证照的使用范围，提升电子身份证入住酒店的便利度，对不同区域身份证号码人员统一认证，防止和避免可能的地域歧视，使电子证照的使用更高效、更便捷、更精准。

三、深化流程再造，拓展和深化"高效办成一件事"覆盖的区域和覆盖事项的范围，提升办事的体验度

结合上海市"互联网+政务服务"的现状，上海市相关部门围绕数据集成、业务集成、系统集成和服务集成，以整体性政府理念推动深层次的政府流程再造，以制度创新、体制创新与机制创新推动政府跨层级、跨部门、跨地域业务协同与流程再造。拓展"高效办成一件事"的事项种类。完善政务

服务审批前帮办、代办、陪办服务，为办事企业和群众提供服务，切实从企业和民众立场上简化办事程序，打造智慧政府建设的上海样板，为经济社会发展提供更加高效便捷、精准可靠、温度和体验度并存的政务服务。

（一）强化"标准化"建设，为推进政务服务全流程革命性再造提供保障

为更好地推进"一网通办"各个部门之间的协同和协作，建立标准化、零差别的政务服务流程，上海市以深化政务服务标准化、规范化为抓手，推进政府流程再造。通过细分审批办理情形，细化完善申请材料目录，规范材料名称、来源、类型、纸质材料份数、材料必要性，以及示例样表、空白表格，细化、量化业务口径标准，消除模糊条款、兜底条款，推进同一事项无差别受理、同标准办理，实现一批事项"零差别受理"。通过"标准化"建设，实现网上管理和服务事项办事指南和业务手册"无差别"对接，提高"全市通办"和"全网通办"的效率。

建立标准化工作从"办"到"通"的"一条准绳"，具体包括办事清单标准化、规则标准化、服务标准化、材料标准化。推动实现同一事项无差别受理、办理流程和评价标准统一。进一步推进政府服务流程再造，从深度和广度上推进公共服务标准化。在深度方面，建议上海市审改部门协调各条线，按照国家要求明晰政务服务事项，在名称、编码、依据、类型上保持政务服务事项的一致性，对办事指南进行统一规范，明确政务服务事项办理的主体、流程、依据、材料、时限、办事地点、联系电话等具体信息，应上尽上，形成市级规范。在广度方面，建议上海市审改部门最大范围覆盖全部的事项，包括线下的前置审批环节、材料准备环节、事后评价环节都建立相应标准。全方位、无死角地推动政务服务事项在全市范围内统一规范、线上线下一套标准，做到各区域、各层级、各渠道政府部门发布的政务服务事项"标准统一、同步更新、同源公开、多方使用"。

（二）深化推进"主题服务套餐"和"一件事"改革，推进政务服务流程再造

"主题服务套餐"和"一件事"是从企业和人民群众需要出发的政务服务和"一件事"，从用户视角出发对政务服务流程进行梳理和整理。建议上海市相关部门牵头进一步做好100个"主题服务套餐"改革，扩大"主题服务套餐"范围，提高"主题服务套餐"的有效性，发现优化政府服务流程的空间和可能，真正将100个"主题服务套餐"做实、做细，形成标准化、可操作的"主题服务套餐"业务手册和办事指南。对于主题套餐服务，不仅要推进标准化服务流程的查询服务，而且要推进并联审批，从深度和广度上推进政府服务流程再造。

以"主题服务套餐"的梳理和形成来倒逼政府服务流程再造。推行"两个免于提交"，通过数据共享，切实推动减材料、减跑动，不断提高群众和企业的获得感；提高市、区两级政府部门对跨部门、跨层级协同改革的重视程度，重点围绕民众和企业关心的"高效办成一件事"推动实质性流程再造；站在民众和企业视角，对"高效办成一件事"所涉及的政务服务事项，围绕申请条件、申报方式、受理模式、审核程序、发证方式、管理架构等进行整体性再造、实施一体化办理；协调解决市区两级开展"高效办成一件事"梳理工作中存在的困难和问题；构建"高效办成一件事"运行分析和改进的长效机制。

四、打造"线上为主、线下补充"的政务服务模式，努力做到线上有速度、线下有温度

建议上海市政务服务部门重点梳理"高频事项"政务服务流程，使获取"高频政务服务事项"更加便捷和高效。凡是能够网上办理的事项都

"上网",打通网上咨询、网上申报、网上预审、网上办理、网上反馈全链条,扩大在线服务覆盖面,提高群众和企业服务"网上全程办理"的比例。推进"线上""线下"错位发展、优势互补、协同互通。线上发挥互联网的再造作用和效率优势,加强信息共享与归并整合,从抓痛点入手,进一步推进流程优化和再造;线下发挥面对面的沟通优势以及部门协同的优势,有针对性地提供政务服务,更好地满足民众和企业个性化的需求。

(一)把企业服务放到离市场最近的地方,推动涉及企业的政务服务事项"好办""快办"

进一步发挥"一网通办"的作用和效能,提升企业办事的便捷度,使企业有更多的获得感。打造"线上为主、线下补充,线上线下共通"的企业服务模式。相对个人服务,企业服务更复杂,需要提交的材料更多、现场办理的比例更大。建议强化互联网对政务服务流程的改造作用,推进行政审批的"互联网化",进一步发挥"数据跑路"的优势,推动实现"数据多跑路、群众少跑路"。"互联网+政务服务"能推进企业民众办事主渠道的转变,建议由实体政务大厅"线下为主"转变为"线上线下共通",形成线上线下合理分工、有机协同的服务模式。一是扩大在线服务覆盖面,提高企业服务"网上全程办理"的比例,努力实现能够网上办理的事项一律"上网",拓展网上办事广度。网上办事应最大程度延长链条深度,包括网上咨询、网上申报、网上预审、网上办理、网上反馈,提高全程在线的比例。例如,在企业跑腿较多的材料准备阶段应进一步发挥互联网的优势,探索建立与部门窗口人员进行视频互动交流、材料预审的机制,实现"网上办理,窗口只跑一次"。二是线上的业务流程不能简单照搬线下的业务流程。线下应从抓痛点入手,不断推进流程改造和再造。线下应发挥面对面的沟通优势以及部门协同的优势,推进标准化、流程优化和评价考核等工作,对于有异议的审查意见或复杂问题可以及时发起线下协同会商，重点解决企业个性化需求多、时间长、堵点多的"疑难杂症"。三是加强打造和宣传服务企业的"掌上管家"。相对市民服务"随申办"App，企业服务 App 的使用率较低。调研发现，有些企业资深的办事人员也从未用过企业服务 App，甚至一些办事人员从未听说过企业服务 App，仍然习惯于上传统的业务网站。"一张网"应用的广度和深度，在很大程度上有赖于移动客户端是否给力。建议各级政府部门加强"一网通办"总门户与移动端 App 上服务事项的日常运营和宣传推广，如无必要不再新建独立运营的政务服务类 App，已建的 App 要做好与"一网通办"功能的整合。推出个性化、定制化的网页。构建法人综合信息库，建设"千企千面"的个性化网页，探索提供精准的定制化服务。可以先选取部分企业提供定制化网页，提高政务服务的精细化和精准性水平，更好地促进营商环境的优化。在服务企业的过程中提升管理和治理水平。建议市有关部门进一步加强打造和宣传企业服务的总门户（PC 端）、"企业云"App（移动端）、政务服务一体机（自助终端），多渠道开设企业法人专属空间，为企业提供专属的综合咨询、电子证照存储管理、事项在线办理、过程结果查询、建议诉求评价、政策精准推送等政务服务，为企业打造无处不在的政务服务的"旗舰店"。

齐改共进，完善"一网通办"的环境支撑体系。力促企业信用建设与应用。深化"一网通办"对接"信用上海"，加快推行红名单"信任在先、办结核验"，黑名单"逢办必查"，推动各部门在提供政务服务过程中积极应用信用记录和信用报告。将企业、个体户、法人代表、股东之间的关联关系和信用信息，用于企业准入、变更、注销等各个环节的快速审核，有效提升审批效率。

（二）把民生服务放到离民众最近的地方，提升"全市通办"的效率和效能

第一，完善受理系统，优化基础数据，夯实"全市通办"基础，提高服务效率。建立系统稳定性测试与用户反馈机制,由社区事务受理中心对社区事务受理信息系统使用过程中的各种问题进行汇总反馈,由大数据中心、专业部门、技术公司、受理中心等多家部门联合对系统稳定性与可靠性进行综合分析,找出导致数据传输失败和系统响应时间过长的具体原因,区分技术问题、操作问题和流程问题,对症下药,协同攻坚。其中,技术问题由相关技术公司负责解决,社区事务受理中心及时反馈用户体验度作为对技术公司技术服务的评估内容;操作问题由专业部门和受理中心加以规范;流程问题由相关部门明确牵头部门,实施跨部门流程再造,减少因系统运行问题所导致的民众办事不便捷。

建立并规范基础数据采集、共享、修正体系。明确并强化数据供给部门的数据实时更新义务与质量自查责任;建立数据使用单位对数据供给部门的数据纠错机制,确保对数据错误或偏差进行及时修正,推进共享数据同步更新;引入区块链等技术探索数据质量全程可控、过程留痕与使用可溯。

推动和推进全市通办事项基础数据的直接调取与共享,减少跨区、跨街道、跨层级数据传输的等待时间,进一步提升"全市通办"的便捷性与感受度。此外,对于"收受分离"事项,建议依托手机号或微信号开发办事进程定向推送业务,让办事地窗口人员第一时间掌握户籍地办理情况和进程。

第二,规范"全市通办"下沉事项,强化业务培训,提高"全市通办"的体验度和获得感。严格按照"三定"方案下沉事项,避免出现一些部门以便民服务为理由过度向街道下沉事项的倾向。对于退休金测算等专业性较强、群众比较关注的事项,尽可能由熟悉业务的专业人员来完成,确需下沉街道的,应明确操作指南、法律法规和配套设施;市级职能部门应当提供测算方法、软件系统并对窗口服务人员组织培训。对于伤残等级评定等涉及特殊群体的事项,应加强残联、街道和所在区政府联动,尽快完善残疾人公共服务设施，完善帮办服务，降低残疾人跑动的不便并减少办事大厅的压力。由市大数据中心牵头，在上海市范围内征集"全市通办"年度典型事例，为优化"全市通办"提供业务指导。建立以集中式业务培训与分散式手机端业务自学相结合的培训体系，业务培训内容涵盖受理流程、操作规范、政策解读、事例示范等多个方面，让窗口人员"知其然，更知其所以然"，提升基层综合运用各项政策，为民众提供更好服务的能力。在街道社区事务受理中心与区级职能部门之间建立"自下而上"的业务反馈机制，针对受理中遇到的复杂问题或模糊环节，进行联合诊断；在自学平台"学习部落"上开辟"业务问答"专栏，针对共性问题进行问答分享。

五、拓展和深化"随申码"应用，打造"数字名片"，提升"随申码"服务的覆盖度

建议相关部门系统整合各类数据资源，以"随申码"为统一数字入口，围绕民众日常生活以及企业生产经营等场景，按需提供安全可靠的公共数据服务，打造在沪生活、工作的随身服务码，打造伴随民众一生的"数字名片"。不断丰富"随申码"业务内涵，拓展"随申码"在体育、文旅、医疗、教育、交通等领域的延伸应用。

优化"随申码"的根本在于强化应用，应当既立足于当下，又考虑长远；既注重顶层设计，又重视基层运作实践；既体现管理的要求，也体现服务的取向，便利民众和一线工作人员，推动深度应用，真正做到"实战中管用、基层干部爱用、人民群众受用"。

调动政府部门、市场、社会各个方面的积极性，进一步拓展"随申码"场景应用，推动"随申码"场景应用扩大领域，不断走实。

强化"随申码"技术支撑。一是进一步拓展现行"随申码"接口。拓

展"随申码"衍生功能,在安全性保障的基础上,将"随申办"打造成底座型App,提升"随申码"的兼容性和拓展性,区级层面可以在此基础上叠加开发小程序。二是对"随申码"数据授权机制进行完善,加固安全体系。一方面,对一些需要身份认证的场景应用,在保障安全性的基础上有条件地适度授权,探索数据"可用不可见"的身份确认机制,推动和优化场景应用与"随申码"的身份对接和确认。另一方面,从接口调用、数据传输等方面进行加固,进一步提升"随申码"的安全性。

打通"随申码"支付系统。一是提供基于"随申码"的个人支付方式和渠道,为个人提供习惯的多种支付方式和手段,为场景应用提供支付支撑。二是在一些应用场景中开发支付费用市、区分享的体系,优化和完善"随申码"支付体系,改变支付费用只能进入市级财政的机制,打破"随申码"应用在支付体系方面的障碍。

努力推行多"码"合一。积极争取国家相关部门的支持,推行用"随申码"整合多个"码",避免基层出现使用多个"码"的现象。

打造"随申码"应用生态。一是市级部门在数字化转型的顶层设计上,成立联合项目组,对"随申码"的未来拓展进一步谋划,推动"随申码"在健康、出行、文旅等方面的应用,推进"随申码"场景应用的拓展和深化。二是加大对"随申码"宣传力度,让各市级政府部门、各区级政府提升推行"随申码"场景应用的工作认识,进一步拓宽"随申码"的使用范围。三是在市级层面鼓励社会化的应用场景,指导区开展社会化场景应用,聚集市、区两级的合力,形成一定的示范与集聚作用。

六、建立全市统一的办事指南与业务操作手册,提升"一网通办"的统一性和政务服务的规范度

建议行政审批改革部门全面实施"前台综合受理、后台分类审批、

窗口统一出件"的"综合窗口"改革。推动政务服务事项线上线下办理一套业务标准、一个办理平台，确保同一事项、同一办事情形的线上办事指南和线下窗口业务流程一致、办理标准一致。建议由相关职能部门牵头对"全市通办"事项的办事指南与操作规范进行系统梳理与优化设计，结合流程再造要求，同步开发全市统一的适用于窗口人员的标准化、规范化、程序化的业务操作手册。面向民众的办事指南应尽可能使用通俗易懂的语言、文字或图像来表达，申请材料要求应尽可能具体、清晰、明确，减少民众因为前期咨询、材料要求模糊或材料准备不齐所导致的来回跑动。

针对已经沉淀和积累下电子材料的，业务操作手册中应增加可以用电子材料替代纸质材料的说明。对于"减材料"过程中出现的与上海市法律法规相矛盾的，职能部门应当向行政服务中心和社区事务受理中心做出业务指导和说明，同时将相关情况向上级部门报告，寻找解决问题的方法和路径。

七、深化和拓展长三角"一网通办"，提高"一网通办"的示范度

2019年以来，在国务院办公厅电子政务办公室的指导和支持下，上海市会同苏浙皖三省推进长三角政务服务"一网通办"，通过跨区域业务流程优化、数据共享互通、业务标准互认等，推动跨区域、跨部门、跨层级的业务协同联动、数据互通，打造一批高频跨省通办示范应用，推进长三角跨区域服务线上"单点登录、无感切换、全程网办"，线下"收受分离、异地代收、就近可办"，为区域企业和群众带来实实在在的便利。进一步推动长三角"一网通办"需要着力以下方面。

以模式创新为方向，全面赋能线上线下跨省通办。注重分类施策。深化电子证照应用，推动公安和交通道路执法领域的驾驶证、道路交通运输经

营许可证等电子证照在执法场景中的亮证、扫码、核验方面的跨省应用。在社会化应用领域，实现四地政务服务App亮身份证电子证照在长三角地区的旅（宾）馆住宿登记。在政务服务应用领域，试点四地政务服务App"解码融合"，实现在政务服务窗口用本地App二维码可以直接调用电子证照。注重标准引领。依托全国一体化政务服务平台，推动统一事项标准、统一身份认证、统一电子证照的落地落实，推进长三角区域"跨省通办"服务标准化。注重数据流动。共建长三角数据共享交换平台，不破行政隶属但打破行政边界，以数据流打通业务流，推动各类政务服务资源真正流动起来，在流动中实现效率最大化和公共服务均等化。

以业务创新为抓手，推动惠民利企。进一步深化"跨省通办"的示范性应用。推动异地就医政务服务的"同城化"，实现长三角地区27个城市群众医保关系的转移接续在线办理；推动公积金服务"一体化"，实现长三角地区居民异地购房公积金提取零材料、网上办，开通长三角地区异地贷款证明在线开具服务；推动公安事项办理"便利化"，推出跨省首次申领身份证、跨省新生儿入户服务、开具"有无犯罪记录证明""户籍事项证明"方面的异地通办；提升"政银合作"服务触达率，实现长三角"一网通办"事项入驻三省一市的工商银行、农业银行、中国银行、建设银行、交通银行的网点自助终端；重视以共建共享为原则，分工协作，探索三省一市选派业务和技术骨干成立工作专班，共同研究区域政务服务"一网通办"高质量发展的目标，细化工作方案，制定规范标准，协同推进落实，共同探索制度创新。

八、强化制度建设，优化和深化"好差评"制度，更好为"一网通办"改革提供制度保障

建议上海市政务服务部门探索制定电子政务外网、电子政务云、"一

如何建设数字政府
——"一网通办""一网统管"的上海实践

网通办"平台运营等方面的管理办法和标准规范；推动公共数据安全立法工作；进一步优化信息化项目管理机制；深化和完善"好差评"制度，探索将政务服务"好差评"的情况纳入年度党政领导班子绩效考核体系之中。

以"好差评"制度为抓手，以提高企业、民众满意度为标准，推动政府部门由"要我改"转变为"我要改"，推动"一网通办"持续改进。一是以民众需求为出发点，加强线上线下评价反馈管理机制。进一步细化线上线下针对服务事项的评价反馈机制，实现多渠道受理投诉，统一汇总处理。鼓励企业"提意见"，目的是发现问题和挖掘需求，对民众的意见建议实行限时办理、及时反馈，动态调整修改，解决问题。二是以民众和企业意见为切入点，建立改革持续改进动态机制。对关键办件环节完善电子监察记录，实现时间、人员、流程、状态、结果等信息全程留痕，结合民众的评价反馈，更好地实现线上线下监管全覆盖。三是以民众满意度为落脚点，提高服务主动性。建议各服务主体更广泛地开展"机器换人、智慧办理"，加强人性化智能化的服务体验。鼓励政府有关涉企服务人员通过调研、蹲点服务企业、疑难涉企事项会诊等多种活动切实了解企业需求，加强换位思维，主动服务企业和群众，完善"窗口服务标准化"。

"一网通办"融合了服务型政府、智慧型政府建设的要求，是建设整体性政府的重要举措。进一步推动"一网通办"改革，需要推动政务服务流程由"物理整合"到"化学聚合"的全面再造，需要紧紧围绕"实战中管用、基层干部爱用、民众感到受用"的要求，实现政务服务的"好办""快办"，进而做到民众和企业"愿办"，增强企业和民众的获得感、幸福感、安全感，推动"一网通办"政务服务更高效、更便捷、更精准。

第二节　优化和完善"一网统管",用更好的"统"来实现更优的"治"

"一网统管"作为城市治理数字转型的先导性和关键性改革,取得了显著的成效,但与治理数字化全面转型的要求还存在一定的差距。建议通过更好的"统"来实现更优的"治",进一步推动"一网统管"的优化和完善。

一、优化和完善制度体系,为更好地推进"一网统管"改革提供制度保障

经过几年的建设和发展,上海市已经基本构建市、区、街镇三级城市运行管理平台,取得了一定的成效。可以聚焦建章立制进一步推进改革,在三级城运平台的运作项目、业务流程、数据规范、项目审批、考核规则等方面强化制度建设和保障。

第一,完善相关法规,确保依法运行和管理。推动上海市人大研究制定"一网统管"工作的地方性规章或规范性文件,围绕三级城运中心及相关城市运行管理部门的职责分工、运行管理、安全管理等方面制定和出台相关制度。逐步调整和修改相关法律法规、行政规章及相关具体管理细则,在三级城运平台这一新型管理模式下明确和明晰各个政府部门的权责分工、政府行政权力的边界与行使方式、基层综合执法管理人员权限等方面,确保"一网统管"的政府管理行为有法可依、有规可循。[①]

[①] 参见政协联线,《聚焦一网统管,14位委员建言如何网得住、统得好、管得了》,https://www.icppcc.cn/news Detail_1033090。

第二，紧扣安全规范，确保数据安全。结合《中华人民共和国数据安全法》等国家层面的法律法规，进一步建立和健全数据安全方面的相关法律规范，具体包括以下几点。一是健全数据全生命周期安全管理，对数据来源、数据共享和分享、数据产权、数据使用的全过程强化安全管理。对三级城运平台的日常运行管理和应急处置依法加强管理，对包括数据的采集、汇聚、共享交换和使用等各个环节加强管理，保护关键性数据和基础性数据，依法界定公共数据和个人数据的边界，保护公民隐私，保护个人数据不被滥用。二是依法区分三级城运平台中应急状态和日常状态下数据采集、使用的边界。加强隐私保护和安全审查，对于涉及个人信息的，坚持最小范围原则，明确相关数据采集主体和数据采集程序等方面，完善数据采集依法告知程序。三是深化数据分级分类管理，实现数据有序共享。对涉及社会企业第三方机构数据的共享使用、安全保障要求等方面专门制定规则，实施差异化管理。

第三，统筹"一网统管"的考核机制。市、区两级政府应针对城市运行管理事项进行统筹考核，探索形成联合考核机制。比如，对各区城运中心的考核，由市城运中心牵头成立"一网统管"考核工作领导小组，将区级城运中心职能涉及的部门纳入领导小组，对不同职能分别赋予相应分值，统筹进行联合考核，相关市级部门不再单独对城运中心进行考核，只进行日常业务指导，从而避免多头考核的问题。

二、动员多元主体参与，为"一网统管"建设提供力量保障

城运中心是平台型组织的重要体现。进一步推进"一网统管"改革，应当坚持"人民城市"理念，调动市场和社会参与"一网统管"改革的积极性。应当更加注重紧紧依靠和积极发动群众，认真倾听和广泛吸取群众建议，探索形成公众积极参与机制。一是提升"一网统管"建设成果展示

的显示度，增强与公众的互动。在前期《民生一网通》《夏令热线　区长访谈》(这些都是上海重点对"一网通办""一网统管"进行报道的重要媒体节目)等媒体节目积极宣传各级城运平台的基础上，进一步开展线下宣传展示，可以探索与上海规划馆、上海科技馆等单位合作，开设"一网统管"平台展厅，通过多样化的方式展示建设成果，让市民亲身参与体验模拟应急事件各部门协同联动处置，运用智能化手段解决管理问题，从而增进市民对三级城运平台体系日常运作模式的了解。二是针对基层城运中心工作人员不足的问题，可探索将单位企业、基层自治组织、志愿者等社会各方力量纳入街镇城运平台，发挥人员集成的杠杆效应，构筑城市治理的共同体。同时，构建三级城运平台与"随申拍"等应用端的有效联通和连接，探索通过积分激励等奖励和荣誉制度，提升社会各方面力量参与城市治理的积极性，让每个市民成为行走的"护城员"和"感知端"，高效发现和及时解决市民关心的突出问题，让市民充分感受到城市治理的温度。同时，通过"一网统管"应用端经常性地开启"磋商"议事活动，搭建意见反馈平台，提升基层在政策议程中的辐射力和影响力。这些"磋商"议事活动可以是全市面上的重大议题，也可以是某一重点建设项目、重要点位管理等方面问题，例如，2021年，上海市面向市民开展全市数字化转型的线上问卷调查，了解市民对上海城市数字化转型的愿景和重点诉求。全市16个区共有6757位市民参与，年龄段集中在19~45岁。总体来看，上海市的安全、包容、高效、创新、宜居、多元受到了市民的广泛期待。市民希望对电瓶车进电梯、在过道和合租房内充电等加强监管力度，建设智慧消防，提高城市的安全度；希望能够加强外卖平台规范性监管；希望能够加强高空抛物、流浪猫狗泛滥等安全隐患重点问题的实时监管。市民精准的诉求、需求是未来"一网统管"努力的方向。比如，让渐冻症患者参与城市无障碍设施"小"蜜蜂活动。"90后"渐冻症患者唐旭表示，我们希望，大家打开这个小程序，可以一键找到身边的无障碍设施。唐旭花了

如何建设数字政府
——"一网通办""一网统管"的上海实践

两年时间打造了一个可以查询无障碍设施的硬核小程序。如今这个小程序已在全国范围内搜集到6500多个无障碍设施,其中不少都来自热心"小蜜蜂"的拍照上传。

三、加大应用场景开发力度,为优化"高效处置一件事"流程提供动力

更好地做好"一网统管"需要强化应用场景开发。应用场景开发需要着力于区和街镇层面,加大应用场景开发的力度。具体包括:市城运平台推进事关城市安全底线的重大活动保障,实现一批市级协同处置事件和区级特色应用试点示范。市级层面应将各区好的场景做法推广到全市,也重点关注跨委办局、跨区的协同场景建设,重点突破急难愁盼事件应用场景的开发。在区级层面,一方面应当为基层的共性需求提供通用应用、插件型应用,另一方面应当以场景为中心,建设跨网格、跨部门的融合应用;各个区应结合自身实际,重点围绕城市运行和社会治理中的难点痛点堵点,群众的急难愁盼问题,强化问题导向,实现问题实时处置,推出一批好用、管用、实用的应用管理场景。进一步发动基层街镇根据实际情况开发应用场景,围绕着自建房安全管理、电瓶车充电、群租房整治等场景的开发,实现"观、管、防"的统一,发挥大数据的识别风险和辅助决策的功能。街镇层级的应用需求多,以轻应用为主,应该具有成本低、部署快、即装即用、操作简便、智能化高、移动性强的特点。总之,通过一系列举措,确保"一网统管"真正成为实战管用、干部爱用和群众受用的城市治理平台。

第八章 推进"一网智治"深化数字政府建设

四、提升数据治理的规范化水平，为"一网统管"建设提供数据安全保障

数据是三级城运平台长效运行的关键性要素，只有让数据像血液一样在三级城运平台的血管中流动起来，才能真正实现"一屏观天下、一网管全城"的目标。建议将数据治理放在更加重要的位置，真正让数据发生化学反应，发挥数据要素的最大价值。

第一，加快推进数字孪生。未来城市治理的数字化意味着现实社会的状况应当被全量以数字的方式标识化，即数字孪生。数字孪生的前提是拥有足够丰富、分布合理的神经元物联感知设备及其产生的实时动态数据，以期更快地发现问题。2022年，上海市城运中心已牵头中电科等单位成立了"一网统管"市域物联网运营中心。进一步推进"一网统管"建设，应在加强神经元布设力度的同时，对全市物联网感知端进行统筹规划、管理和共享。同时，推广黄浦、虹口等区城市管理最小单元试点改革的建设经验，由点到线、由线到面地推动数字孪生城市建设。

第二，高效推进数据治理。一方面，统一系统的数据标准。现在数据共享汇聚难，一个重要原因是数据标准不统一。应积极借鉴国际通行标准，充分运用国家和行业相关现行标准，开展地图、视频、物联、业务等公共数据的标准化数据治理，形成基础性、通用性数据标准，实行数据标准化管理。另一方面，推动形成以人民为中心的数据治理方式。人是城市的核心，城市治理的核心是对人的服务与管理。数据治理也要贯彻落实以人民为中心的治理理念，将与人有关的数据作为治理的重中之重。将"人"作为车、地、事、物、组织等重要信息的结合点，融合其他关联数据，为有效服务三级城运平台体系提供统一标准的基础和支撑。

第三，全面加强数据共享赋能。目前，基层政府部门反映最多的就是

拿不到部门数据，希望数据汇聚归集后反哺基层应用。针对这些需求，可以从三个方面下功夫。首先，机制上进一步完善。真正发挥三级城运平台数据通道的中间"一竖"作用，完善以应用为导向的数据按需共享审核授权工作制度，明确数据使用方责任，各部门和单位有了数据需求，能第一时间通过对应层级的城运平台获得相关数据，实现数据共享赋能最短路径、最高效率。其次，范围上进一步扩大。对税务、金融机构等垂管部门和单位的数据，应争取接入上海市城运平台。对企业和社会组织的第三方数据，进一步细化分层分类，向区、街镇城运平台共享赋能，拓展应用成效。最后，需求导向进一步确立。按照"先有数据需求，再有数据共享"的思路，根据实战需求及时汇聚共享数据。应当充分考虑街镇城运平台的治理需求，按照"可用不可得"等方式，深化基层数据赋能。

五、加强基层干部队伍能力建设，为"一网统管"建设提供高素质的人才队伍保障

"一网统管"三级城运平台建设的落地落实需要有高素质的人才来推动，人才队伍建设是"一网统管"建设的最关键一环。应由上海市相关部门集体研究和高位推动城运人才队伍建设机制，一是强化城运内部人才保障机制。坚持强基层、优结构，破除人才发展体制机制障碍，优化编制与岗位管理、薪酬待遇、人才成长发展环境等。二是鼓励人才跨体制、跨区域、跨领域的有序流动，特别是鼓励城市运行重点保障部门、单位和大数据中心、技术型国企专业人员到城运中心任职或挂职交流，激发人才创新创造的活力，形成一支专业化、复合型、高水平的城运人才队伍。三是建立常态长效培训机制，三级城运中心均应组织编写贴近实战、易学易懂的培训教程，不定期开展"一网统管"业务培训和业务测评，提高业务骨干能力，培养更多既懂管理又懂技术的复合型城运人才。

2019年，上海市在全国最早提出"一网统管"建设，从外滩大客流的有序引导，到台风天里的"隧道护驾"；从"数字孪生"最小管理单元发布，到超大城市运行数字体征系统上线；从遍布上海的近1.8亿个智能传感器，到千万市民的"随申拍"和12345热线，不断蝶变的城市正全方位呈现韧性、活力和温度。几年间，不断探索形成数字治理的"上海方案"，概括起来，就是突出"科技之智、规则之治、人民之力"。上海正在实现城市治理规则之治的转变：由人力密集型向人机交互型转变，由经验判断型向数据分析型转变，由被动处置型向主动发现型转变。在2021年12月底召开的城市管理精细化工作现场推进会上，上海市委主要负责人提出了超大城市数字治理的目标：超大城市是个巨系统、生命体，要把科技之智与规则之治、人民之力更好结合起来，推动治理理念、治理手段、治理模式不断创新，以数字化让城市更聪明、更智慧。[①]

第三节 以"两张网"为牵引，推进"一网智治"，建设数字政府

在做好"一网通办""一网统管"改革的基础上，需要促进"两张网"的融合融通，深化数字政府建设。从本质上说，"一网通办""一网统管"就是一张网，"一网通办"和"一网统管"是并蒂莲，两者相互融通、相互支撑，构成了数字政府建设的两个面向，形成了智慧治理的"城市大脑"。推动"两张网"的融合融通，塑造了城市治理现代化建设的"一网智治"新路径。

[①] 参见《令人向往、让人流连忘返的城市什么样？李强提出上海城市管理精细化新期待》，《新民晚报》2021年12月24日。

如何建设数字政府
——"一网通办""一网统管"的上海实践

一、"一网通办"和"一网统管"本质上是一张网

"一"强调整合、协同和统筹,重视通过引入信息化、智能化手段刀刃向内自我革命,倒逼政府进行改革,打造整体性政府;"网"体现了互联网思维,彰显智慧政府建设的要求,凸显智慧政府在城市治理现代化建设中的作用;"通办"和"统管"凸显了"以人民为中心"建设服务型政府的要求。总体来看,"一网通办""一网统管"融通和整合了建设整体性政府、智慧政府和服务型政府的要求。

第一,在价值理念方面,"一网通办"和"一网统管"都充分体现以人民为中心的发展思想,将人民放在最重要位置,把人民需求作为改革的出发点和落脚点,将人民作为最重要的评价者,把人民的满意度作为最重要的评价标尺。时代是出卷人,我们是答卷人,人民是阅卷人。"一网通办"和"一网统管"改革都是从人民角度进行设计和安排的。从一定意义上说,政务服务和城市运行的划分是从政府角度出发进行的,对民众而言,他们并不关心事项属于哪个管理领域,由哪个部门来具体负责,他们更关心的是问题能否得以解决,事项能否得以办理,办理效率如何,自己是否有较强的获得感和安全感。因此,推进"一网通办""一网统管"的融合是落实和践行以人民为中心的发展思想的必然要求。并且,"一网通办"和"一网统管"涉及的很多事项是跨领域、跨层级、跨部门的,在实际运行过程中也常常难以区分事项属于政务服务还是属于城市运行领域。这就要求进一步推动"一网通办"和"一网统管"的融合,从人民的需求出发提升政务服务和城市治理的水平和效能。

第二,在数据基础方面,"一网通办"和"一网统管"拥有共同的数据底座,在数据基础方面具有共通性和共享性,构成了城市治理数字孪生的基础。"一网通办"和"一网统管"的基础是"一网"。从底层数据来看,

这里的"一网"是共通、共享的。"一网"既包括静态数据，也包括动态数据；既包括结构化数据，也包括非结构化数据。在运行支撑方面，"一网通办"和"一网统管"有共同的数据池和主题数据库，只是形成了针对相同数据基础之上略有差异的运行领域，选择了不同的应用场景和治理模式。它们共同构成了城市治理和城市管理的数字化面向，形成了城市治理数字孪生的基础。

第三，在运行机理方面，"一网通办"和"一网统管"都遵循城市生命周期规律，共同构成了城市生命体中的最智慧部分——"城市大脑"。城市是有自身体征的生命体，政务服务和城市运行都要遵循城市运行生命周期规律，使城市运行更健康、更智能。城市作为生命体，能够思考和有效运行是其重要特征，正是基于此，"城市大脑"这一概念应运而生。"一网通办"加上"一网统管"共同构成了"城市大脑"。两者相互协作、相互融合，能够使城市成为"耳聪目明、智能研判、四肢协同、行动有力"的智慧体。"耳聪目明"就是能及时感知城市运行状况，及时发现需要提供的政务服务，发现城市运行中存在的问题，使发现机制更加高效；"智能研判"要求在感知城市运行状况的基础上，有前瞻性地预见城市运行未来走势，预测城市运行过程中可能遇到的风险和问题，在此基础上做出前瞻性决策，使决策更有预见性和科学性；"四肢协同"要求各个部门打破信息壁垒，破除部门界限，打破"碎片化"，协同开展活动；"行动有力"要求围绕人民的需求共同着力、协同发力、形成合力，打造整体性政府。通过推进"一网通办"和"一网统管"使政务服务和城市运行更便捷、更高效、更有序，使城市运行更智能、更智慧。

第四，在目标取向方面，"一网通办"和"一网统管"改革是政府部门刀刃向内自我革命的重要举措，是重视通过信息化、智能化手段的引入倒逼政务服务和城市治理流程革命性再造的重要改革。"一网通办"和"一网统管"不是单纯在政府管理领域引入信息化、智能化手段，而是通过信息化、

如何建设数字政府
——"一网通办""一网统管"的上海实践

智能化手段的引入倒逼城市治理改革创新,促进政府部门在治理理念、结构、流程、效能、监督等方面进行深层次全面再造。从治理理念来看,由政府部门本位转变为以人民为中心;在治理结构方面,由金字塔形转变为扁平化;在流程方面,由"碎片化"转变为一体化、全周期、全方位。从一定意义上说,推进"一网通办"和"一网统管"改革的堵点和痛点表面在线上,实际在线下,根本在政务服务和治理供给流程的革命性再造;在效能方面,由定性描述转变为定量分析,由分散化转变为集约化,通过流程的革命性再造,推动提高政务服务水平和治理供给效能;在监督方面,由主观转变为客观,由"雾里看花"转变为"清晰可见",提高监督的科学性和合理性。

"一网通办"和"一网统管"改革牵一发而动全身,是"牛鼻子工程",是推动政府部门深层次、全方位、革命性再造的重要举措,是建设服务型政府、建设智慧政府、打造整体性政府的重要抓手。进一步推进改革需要推动"一网通办"与"一网统管"相融通,形成"一网智治"的城市治理现代化路径。

二、以"标准化"为牵引,更好地推进"一网智治"

作为治理数字化转型"牛鼻子"工作的"一网通办"和"一网统管"改革进入了深水区,需要不断深化和拓展,提高人民的体验度和获得感。

(一)进一步发挥标准化的优化、固化作用,推进"一网智治"

更好地推进"一网智治"可以引入标准化原则和理念,发挥标准化的定型、提升、增效作用,形成"标准化+治理数字化转型"的新模式。[①]

---

① 参见《第三十九届国际标准化组织大会召开 习近平致贺信》,中国共产党新闻网,http://cpc.people.com.cn/n1/2016/0913/c64094-2876957.html?vk_sa=1024320v.

第八章 推进"一网智治"深化数字政府建设

从中国古代的车同轨、书同文，到现代工业规模化生产，这些都是标准化的生动实践。伴随着经济全球化深入发展，标准化在便利经贸往来、支撑产业发展、促进科技进步、规范社会治理中的作用日益凸显。《国家标准化体系建设发展规划（2016—2020年）》明确提出，要通过建设和推行政府治理标准化，提升政府治理现代化水平。标准化对推动数字治理现代化有重要作用，只有在标准制定方面取得领先地位，才能在数字中国、数字政府建设过程中继续充当排头兵和先行者。

第一，强制性标准与推荐性标准——数字政府标准化建设的"纲"。政府管理有确定性，也有不确定性，推进数字政府建设标准化需要明晰哪些方面是可以标准化、也应当标准化的，哪些方面是不可以、不需要也不可能标准化的，在此基础上形成数字政府建设标准化的范围。对不可以标准化的方面强制梳理和形成标准化，有时反而会成为制约实践部门和基层创新的因素，影响数字政府建设的效果和效能。

从管理实践层面来看，对可以和需要实现的部分进行标准化，要求治理目标、路径和方式可分解、可量化、可考核、可制度化。概言之，标准化是将复杂的事项简单化、把简单化的治理要素量化，将量化的因素流程化，把流程化的运行规则化的过程。复杂的事项简单化并非简单梳理和处理权力和公共服务事项，而是找到影响权力事项和公共服务事项的核心点、关键点以及主要制约方面，形成对复杂事项的最简洁、最关键的认识，通过对核心、关键和制约点的把握形成对复杂事项的整体认识。简单化的治理要素量化是在对复杂事项的核心、关键和制约点把握的基础上，用量化的形式对梳理出的要素之间关系进行描述和表达，形成更加清晰、清楚的认识。量化的因素流程化是在对治理要素静态认识的基础上，对治理要素之间的动态关系进行认识和把握，梳理治理要素动态运行图谱，形成对运行流程的清晰认识。流程化的运行规则化是通过制度和规则的制定和出台将围绕治理要素静态、动态关系形成的关系图谱以及既有的治理经

如何建设数字政府
——"一网通办""一网统管"的上海实践

验进行固化，形成标准化的制度和规则。

构建数字政府建设的标准化体系需要形成"纲"和"目"，强制性标准和推荐性标准构成了治理数字化的"纲"。强制性标准强调统一性，凸显普适性要求，可以由市级政府层面统一梳理和制定。从一定意义上说，强制性标准形塑了标准化的底线，体现"法定职责必须为"的要求。推荐性标准强调差别性，凸显创新性要求，由各个基层和实践部门梳理和形成，它强调在统一的强制性标准基础上鼓励基层和实践部门创造性开发应用场景，并基于应用场景梳理和形成标准。推荐性标准构成了标准化的高线，体现"实践要求有创新"的要求。

第二，制度、数据、平台和流程——数字政府标准化建设的"目"。数字技术的迭代与更新对数字政府建设起着非常重要的作用，然而，数字政府建设不仅仅是技术层面的变化和变革，更为重要的是治理理念、治理方式、治理流程方面的变革和革新。数字治理给政府带来的是包括理念、结构、流程、效能和监督等方面的全面再造。在形成数字政府标准化建设的"纲"的基础上，可以在平台、数据、流程、制度等方面有所着力，推进这些层面的标准化，这构成数字政府标准化建设的"目"。

数据层面标准化是数字政府标准化建设的核心。进入数字化时代后，数据日益成为最重要的战略资源。当然，数据只有做到"活用、在线、闭环"，才能体现数据战略资源的价值。这也是数字政府标准化建设的核心。首先，数据准确、统一方面的标准化，要求就同一事项的时间、地点等要素做出梳理和规定，在形式和内容上做到数据的标准化，分别围绕城市中的"人、物、动、态"等方面形成数据库，力求做到准确；要求不同部门针对同一事项有一致的描述和表述，做到数据的统一。其次，数据分享和共享方面的标准化，明确"以共享为原则，以不共享为例外"原则，打破部门之间数据壁垒和烟囱，形成相对统一的分享和共享机制，形成数据的"活用、闭环"机制。最后，要通过对"人、物、动、态"数据的梳理、描述和归集,形成统一的数据库。"一网通办""一网统管"从不同治理要求出发获取数据,从源头上促进"两张网"的融合。

平台层面标准化是数字政府标准化建设的支撑。平台建设的标准化是数字政府标准化建设的支撑。一方面,需要将"一网通办"和"一网统管"平台的"四梁八柱"加以固定。比如"一网通办"总门户的框架标准,要求统一身份认证、统一客服、统一物流快递和统一公共支付的"一网通办"四个支柱;按照"两级政府、三级管理、四级网络"的要求形成市、区、街镇、社区的"一网统管"平台,体现"大体一致、略有差异"的要求。更为重要的是,要推出一些标准化应用场景,推进"两网融合",提升数字治理的智慧化、智能化水平。

流程层面标准化是数字政府标准化建设的关键。无论是"一网通办"还是"一网统管",都面临数字时代的"一体化"要求与传统部门分工协作之间的矛盾和平衡,都需要在流程上进行提升和再造。基于"一体化"的流程再造是深入推进改革的关键。"一网通办"和"一网统管"改革的难点和堵点在线上,根本在线下,根子在流程的优化和再造。通过标准化将政务服务、城市运行过程中的线上线下流程进行优化和固定,可以从根本上推动数字治理水平的提升。并且,要在梳理和优化流程的基础上,寻找推动"一网通办"和"一网统管"融合融通的空间和可能,形成数字治理的标准化流程。

制度层面标准化是数字政府标准化建设的基础。围绕"一网通办""一网统管"形成了包括智慧政府建设、公共数据利用、数据共享、场景设计标准、运行标准等涵盖多种场景的政务服务和城市运行管理体制的一系列制度。这些制度构成了数字治理标准化的基础,对这些制度进行梳理并加以统一化和规范化形成了数字治理标准化的基础。

第三,多元的标准化建设主体——数字政府建设的必然要求。数字政府是平台型政府,政府是平台,而不是中心。在标准化领域同样如此,

如何建设数字政府
——"一网通办""一网统管"的上海实践

政府是标准化建设的重要主体,但不是唯一主体。数字政府建设要求标准化建设主体的多元性。政府应当"有所为",搭建标准化建设的平台,在一些标准化建设中发挥主导作用,同时,也应当"有所共为",充分调动社会、市场以及公民在标准化制定中的作用,形成整个社会共同推进"一网通办""一网统管"标准化建设的局面。在发挥政府在标准化建设中主导作用的基础上,调动行业协会、企业,特别是国有企业在标准化建设中的积极性。当然,也要避免一些企业主要考虑自身利益,而不是从数字政府整体面上推进标准化建设的现象。民众的智慧是无穷的,数字政府标准化建设过程中,需要充分发挥和挖掘民众的作用,同时发挥民众在标准实施中的监督作用,形成"人人参与数字政府标准制定,人人融入数字政府标准调整,人人监督数字政府标准实施"的多元治理格局。

(二)从分散的平台到统一的大平台,推动更大范围的统筹

原来"一网通办""一网统管"都有独自的平台,但各个平台之间相互整合度不高,协同度不够,数据共享度有待提升。需要探索将三个治理平台整合到"城市管理运行中心"这个统一的平台上,形成一个多角色、自组织、强协作的生态系统,从人民群众的需求出发整合数据和业务,政府各个部门在统一的平台上共享数据,对公共管理事项不过多区分管理还是服务,统一派单,发挥市场、社会主体的作用,推动协同治理。

同时,还可以通过场景的整合统筹推进平台的整合。可以从用户需求出发,按照"同一类对象管理向一个应用场景集成"的原则进行整合集成,形成典型性场景,比如垃圾分类、养老服务、智慧气象、渣土治理、群租治理等场景。这些场景从人民群众需求出发而不是从政府部门职能出发,整合多个领域,统筹多个政府部门,着力全面精准高效满足人民群众和市场主体的需求。

（三）强调数据的"在线、活用、闭环"，推进更深层次的统一

推进"一网智治"的数据治理，推进数据的统一和共享，打破数据壁垒。上海市大数据中心统一提供基础数据、地理信息系统、信用和风险评估系统、派单系统等模块化支撑。在数据治理的基础上努力使数据精准实时，随时可以被调用，做到"在线"；使多源、多维的数据融合在一起，促进数据"活"起来，最大限度地发挥出数据的价值，实现"活用"；在数据支撑和支持下提供个性化、精准化的服务，并且使服务结果反馈到原有数据中，推动数据不断更新，做到数据更新的"闭环"。

将提升治理要素的标准化、规范化、统一化作为推进深化多个平台整合的核心路径。围绕人民群众和市场主体的需求，按照城市、社会、经济三方面梳理管理要素，各个部门进行统一的标准化要素管理和配置，明确要素分类、智能发现方式、处置流程和处置标准，打通业务数据交换路径。

（四）以数字化、智能化推动跨领域、跨层级、跨部门综合改革：统领更宽领域的改革

动员市场、社会、政府等多元主体参与治理，按照跨层级协同、跨部门协同、内部协同三种类别，再造流程全闭环，形成政府、市场、社会"大闭环"，市级政府"中闭环"，区级政府（片区）"小闭环"，基层政府"微闭环"。通过数字化、智能化手段的引入倒逼政府部门进行全面的改革，推动跨领域、跨层级、跨部门改革。

（五）提升领导干部数字治理能力和素养，推动"一网智治"建设

作为"关键少数"的领导干部的数字领导力状况对"一网智治"建设有重要影响。党的十八大以来，习近平总书记多次围绕大数据、人工智

如何建设数字政府
——"一网通办""一网统管"的上海实践

能、区块链等议题主持中央政治局集体学习,要求"各级领导干部要加强学习,懂得大数据,用好大数据"[①]。这为提升领导干部数字领导力提供了根本遵循和行动指南。

领导干部的数字领导力包括数字治理能力和素养。数字治理能力是领导干部运用大数据提高治理效果和效能的综合能力;数字治理素养是领导干部对数据治理的认知水平和理解深度。对"一网智治"建设而言,领导干部数字治理素养和能力是基础和关键。

数字治理能力:数字领导力的关键。数字治理能力具体包括数据收集与整合能力、数据驱动服务与管理优化能力、数据分析和评估能力。

用数据决策,避免"雾里看花"。数字化时代的到来为领导干部清晰认识事物之间的关系奠定了基础,也为更精准地落实中央要求和获取民众需求提供了支撑。数字治理能力要求领导干部提升收集、分析数据的能力,将数据背后的关联性用知识图谱、政务图谱等形式进行显示和表达,分析和揭示数据背后的逻辑关系。在此基础上,要坚持以人民为中心,在充分掌握信息的基础上对多方面利益进行平衡与把握,提高决策的科学性、民主性和有效性。数字治理能力的提升可以更好、更多地获得相关信息,避免"雾里看花",提升决策的科学性。

用数据说话和创新,防止"盲人摸象"。数字化时代要求领导干部准确理解和领悟中央的政策要求和人民的期盼。这里既包括定性层面的认识和理解,也包括大数据分析基础上的定量层面的把握和领悟。这就要求领导干部打通数据壁垒,促进由数据到大数据的变迁和发展,清晰认识政策要求的前因后果和来龙去脉,对政策涉及的方方面面有整体把握,厘清政策要求与实际工作之间的关联,对党中央决策部署的认识和领悟更全面、

---

① 《审时度势精心谋划超前布局力争主动 实施国家大数据战略加快建设数字中国》,《人民日报》2017年12月10日。

第八章 推进"一网智治"深化数字政府建设

更精准、更深刻。

用数据管理,摒弃"视而不见"。在数字化时代,执行前,领导干部以数字化为基础提高政策理解能力,准确领会和把握中央的政策要求,做好计划,预测政策执行过程中可能遇到的问题;执行中,基于大数据分析提出的有效意见和建议,促进多个部门之间的互联互通和相互监督,推动流程优化和系统再造,提升执行效率和效能;执行后,以数字化为基础对执行状况进行评估,进一步调整、完善和优化执行方案。数字治理能力的提升能够使管理过程变得清晰可见,避免出现"视而不见"。通过科学化的数字治理,可以促进多个环节的优化,提升执行效率和效能,提高人民的获得感、安全感和幸福感。

数字认知度、数字敏感度和数字安全度:数字治理素养。与数字治理能力紧密相连的是数字治理素养。人类社会经历了从农耕社会到数字社会(智慧社会)的发展演进历程,数字社会(智慧社会)是社会发展的新阶段,数字化是智慧治理的基础,智慧化是数字治理的方向。数字社会带来的变革是革命性、全方位的,正如20世纪电气化给人类生活带来极大便利,推动了生产和生活方式根本性变革一样。21世纪以来,数字化给人类带来的变革也是根本性、颠覆性的。领导干部应当对数字化革命有清晰的理解,提升自身数字治理素养。

数字认知度是数字素养的基础。在数字化时代,互联网成为重要的基础性设施,数据成为最重要的生产资料和战略资源。一方面是万物互联,数字时代的互联网像工业时代的电网一样成为覆盖社会各领域的基础性设施,人们的生产、生活不能离开互联网,社会的方方面面通过互联网基础上的数字技术实现了互联互通,这是数字化变革和转型的基础。另一方面是数字链接,社会生活的各个领域、政府治理的各个事项通过数字得以链接,与之相对应,人们可以通过对各领域、各事项的数字化链接表征情况进行感知,把握链接背后的数字化关系,形成对世界清晰化的认识,在此

如何建设数字政府
——"一网通办""一网统管"的上海实践

基础上形成有针对性的治理方案。

数字敏感度是数字素养的重点。对领导干部而言，需要紧紧跟上数字化发展的趋势，明晰数据是新时代最重要的生产资料和战略资源，是公共管理、公共服务、公共权力运行的重要基础，是关系国计民生的重要支撑。领导干部应当深刻认识和准确把握数据从哪里来，数据产权归谁所有，数据如何共享、如何使用等一系列问题。在此基础上，通过大数据分析数字之间的关系，更好地揭示事物之间的联系。

数字安全度是数字素养的根本。数据是新时代重要的生产要素和资源，对权力运行也发挥着重要作用。领导干部应当将数据安全作为落实总体国家安全的重要方面，明确"没有数字安全度的情况下，其他数字素养和能力都是0"的理念；应当注重数据安全和保护隐私，将安全度作为数字素养的根本和底线。

总之，"一网通办"和"一网统管"本质上是一张网。进一步推进数字政府建设应当以标准化为牵引，推动平台的整合、数据的统一和场景的融合，通过更深的"统"达到更好的"治"，打造升级版的"一网通办"和"一网统管"。以"两张网"为牵引，推动集成服务型政府、整体性政府、智慧型政府的"一网智治"改革，探索一条可复制、可推广的数字政府建设道路。

后 记

　　数字政府建设是数字中国建设的重要方面。一段时间以来，我国各级政府在数字政府建设方面进行了有益的探索和尝试。2018年开始，上海市将治理数字化转型作为推进城市全面数字化转型的重要部分，以"一网通办""一网统管"为牵引建设数字政府，取得了一定的成效。本书对上海市"一网通办""一网统管"建设情况进行分析，梳理数字政府建设现状，努力为地方政府建设数字政府提供可资借鉴的经验和案例，在此基础上，透视地方政府未来建设数字政府的态势和趋势。

　　理论是灰色的，而实践之树常青。数字政府建设具有很强的实践性，一方面，做好数字政府方面的研究应当坚持理论和实践相结合，与实践部门建立紧密的联系；另一方面，实践的发展也需要进行理论梳理、概括、提炼和引领。基于此，2019年，中共上海市委党校（上海行政学院）专门成立数字政府建设研究中心，聚焦"一网通办""一网统管"改革实践，开展数字政府建设方面的研究。数字政府建设研究中心成立以来，获得了2项国家课题、10多项省部级课题，发表了20多篇学术论文，撰写了30多篇获得省部级以上领导肯定性批示的决策咨询报告。数字政府建设研究中心的研究成果连续两次获得了上海市政府决策咨询一等奖（第十三届、第十四届）。这是中共上海市委党校（上海行政学院）第一次获得该奖项的一等奖，也是第一次连续两届获得该奖项的一等奖。本书是在第十四届上海市决策咨询研究成果一等奖获奖文稿《上海探索"一网智治"深化数字政府建设研究》基础上修改完善而形成的。

如何建设数字政府
——"一网通办""一网统管"的上海实践

　　书稿的撰写和出版要感谢很多师长和同仁。中共上海市委党校（上海行政学院）常务副校（院）长曾峻教授非常重视数字政府建设研究工作，亲自担任上海市"一网通办"第三方评估组组长，支持成立数字政府建设研究中心，谋划和设计研究的总体安排和评估的总体框架。本书的完成离不开曾校长的指导、关心和支持。2019年开始，数字政府建设研究中心受上海市政府办公厅委托对全市"一网通办"服务情况进行第三方评估，通过连续四年的评估对"一网通办"有了更全面、更深入的理解和把握，感谢市政府办公厅和办公厅相关处室的领导。感谢上海市政府决策咨询评奖委员会的各位老师对研究的支持和肯定。书稿的撰写和出版还要感谢中共上海市委党校（上海行政学院）政府治理研究院的各位老师，他们是李琪教授、陈奇星教授、董幼鸿教授。中共上海市委党校教务处是一个很有战斗力和凝聚力的团队，正是因为团队中各位小伙伴的辛苦工作，使笔者有一点闲暇时间从事研究工作，从而完成本书稿的撰写工作，感谢你们。中共上海市委党校数字政府建设研究中心是由一群乐于奉献、勇于开拓、精诚合作、力求创新的研究者组成的，大家常常一起调研实践、研究问题、输入学理、分析对策，其乐融融，本书也是研究中心同仁一起研讨、分享的成果。数字政府建设研究中心马佳铮老师、桂林老师参与了书稿的撰写，分别撰写了第二章和第三章。感谢中共中央党校出版社的领导和编辑老师，他们最早提出数字政府建设的实践探索这一选题，邀请团队撰写书稿。后来，又不时提醒笔者注意把握书稿撰写的进度。他们在编辑方面的专业、敬业和责任心让我们获益匪浅。

　　数字政府建设刚刚起步，既需要理论研究紧紧跟进，也需要实践探索不断进行。书稿的分析也只是阶段性成果，难免会有疏漏，欢迎批评指正！

2023 年 12 月